W0398223

ICONS

L'ARCHITECTURE D'AUJOURD'HUI

ARCHITECTURE NOW!

EDITOR ***PHILIP JODIDIO***

TASCHEN
KÖLN LONDON LOS ANGELES MADRID PARIS TOKYO

CONTENTS *SOMMAIRE*

PREFACE *PRÉFACE*

Est-ce de l'art ou de l'architecture ? Ou alors, peut-être, de la mode ? L'architecture contemporaine possède nombre des caractéristiques d'autres disciplines, mais elle est avant tout extrêmement variée. Cet ouvrage présente les travaux de 87 architectes qui se distinguent tous par leur style propre, par les matériaux qu'ils utilisent et par leurs influences régionales. Les édifices photographiés sont en béton (Tadao Ando) ou en papier (Shigeru Ban) ; ils sont minimalistes (Wiel Arets), sculpturaux (Frank O. Gehry) ou bien encore figuratifs (Branson Coates). Parce qu'ils ont été sélectionnés pour l'originalité de leurs œuvres, parce qu'ils font autorité chacun à leur manière, ces 87 architectes peuvent être considérés comme les plus grands créateurs d'aujourd'hui. Qu'ils soient australiens, japonais, américains ou européens, tous cherchent à résoudre les problèmes pratiques posés par un client, un site ou une fonction donnée, tout en laissant l'empreinte de leur personnalité qui fait la véritable nature de l'architecture contemporaine. En observant cette incroyable diversité, une conclusion s'impose : il n'existe pas aujourd'hui de style international, ni de façon unique d'envisager le présent. L'architecture connaît parfois des embellies, en période de prospérité économique notamment, plus que lorsque le baromètre affiche une certaine morosité. Des questions aussi fondamentales que la pérennité des édifices trouvent des réponses différentes en fonction de la région, de la nature du bâtiment et de l'architecte. Les imposants murs en béton de Tadao Ando sont conçus pour résister aux tremblements de terre qui secouent régulièrement le Japon, sa terre natale, tandis que Toshiko Mori cherche à aider les sans-abri en construisant des habitations temporaires en tissu. En architecture, il faut souvent du temps pour que les idées jetées sur la table à dessin se concrétisent et donnent naissance à une structure achevée. Les pionniers du déconstructivisme, célèbre mouvement des années 80, comme Coop Himmelblau en Autriche, réalisent aujourd'hui des ouvrages dont l'inspiration ne semble pas passée de mode deux ou trois saisons plus tard.

Le sculpteur américain Richard Serra a un jour été interrogé sur la différence entre l'art et l'architecture. Il a répondu que « l'art ne sert aucun but ». Pour l'architecture, c'est évidemment tout le contraire, et c'est peut-être là que réside son principal intérêt. Les artistes, libres de toutes les contraintes pratiques qu'impose même l'édifice le plus éphémère, ne sont pas obligés de prendre en compte les besoins de la vie quotidienne. L'architecture, quant à elle, est profondément ancrée dans la réalité et doit répondre à un public qui n'est pas celui qui se rend dans les galeries d'art pour juger les œuvres. L'architecture s'adresse à tous. Elle est le lieu où l'on vit, où l'on joue, où l'on mange, où l'on se cultive, où l'on bouge : c'est le théâtre de la vie. Lorsque John Ruskin écrit au XIXe siècle que l'architecture est le plus grand des arts, il sous-entend que la bonne architecture doit tirer parti des autres formes d'art pour créer un ensemble qui, dans l'idéal, doit être le point culminant de la créativité humaine. Les architectes ne ressentent plus la nécessité de s'associer avec d'autres artistes pour concevoir ce qui en soi peut être considéré comme une expression artistique. L'architecture peut être de l'art, comme le montre sans doute le plus bel ouvrage de Frank O. Gehry, ce qui ne veut pas dire qu'elle n'est plus « condamnée » à servir un but.

La technologie est en train de transformer la façon dont sont conçus et bâtis les édifices, tout comme elle a bouleversé d'autres domaines. Frank O. Gehry a été l'un des précurseurs dans l'utilisation de logiciels, avec notamment le programme Catia de Dassault auquel il a eu recours pour le musée Guggenheim de Bilbao. Toutefois, il appartient à cette génération qui a mis du temps à accepter l'ordinateur en tant qu'outil d'aide à la création, préférant toujours la planche à dessin à l'écran du moniteur. D'autres jeunes architectes, de l'agence Asymptote à New York ou des agences NOX et MVRDV aux Pays-Bas, tendent aujourd'hui vers des travaux véritablement inspirés des nouvelles possibilités offertes par la conception assistée par ordinateur (CAO).

PREFACE *PRÉFACE*

Entre leurs mains, l'ordinateur n'est pas seulement un outil destiné à faciliter la création d'un édifice : il fait partie intégrante du processus de conception, c'est une fenêtre ouverte sur de nouveaux mondes où la géométrie non euclidienne est tout aussi naturelle que l'étaient les cubes et les sphères pour les générations précédentes. Il s'agit d'une véritable révolution que certains voudraient pousser à l'extrême en pratiquant l'architecture virtuelle, qui ne serait guère plus qu'une image interactive sur un écran. C'est ce principe qui est à l'origine du « musée Guggenheim virtuel » proposé par Asymptote : un musée qui change en fonction des exigences des visiteurs, un « édifice » qui n'aura finalement jamais besoin d'être construit.

Les jeunes architectes hollandais, ainsi que certaines grandes figures japonaises comme Makoto Sei Watanabe, ont également pratiqué l'interactivité sous différentes formes. Conçu par Kas Oosterhuis et Lars Spuybroek (NOX), le Pavillon de l'eau, situé sur l'île artificielle de Neeltje Jans dans la province hollandaise de Zélande, a été l'un des premiers projets à s'aventurer dans l'univers de l'architecture interactive assistée par ordinateur. Cette tendance a toutes les chances de se confirmer dans les années à venir, même s'il existe une certaine frénésie autour de ces tout nouveaux « gadgets » qui risquent d'être rapidement mis de côté au fur et à mesure que les ordinateurs deviennent véritablement partie intégrante de la conception architecturale de demain. La plupart des édifices photographiés dans le présent ouvrage témoignent néanmoins de la formidable accélération du changement dans le domaine de l'architecture. Qu'elle soit créée par ordinateur ou née du désir d'améliorer les idées de notre époque moderne, je vous invite à découvrir… *L'Architecture d'aujourd'hui.*

PHILIP JODIDIO
29 mars 2002

ARCHITECTS

TADAO ANDO

« À l'âge de 15 ans, j'ai découvert un livre sur l'œuvre complet de Le Corbusier. J'ai recopié certains de ses dessins, et c'est ainsi que j'ai commencé à m'intéresser à l'architecture. »

Né à Osaka en 1941, Tadao Ando est un architecte autodidacte, formé en grande partie lors de ses voyages aux États-Unis, en Europe et en Afrique (1962–69). Il fonde Tadao Ando Architect & Associates à Osaka en 1969. Titulaire de la Médaille Alvar Aalto de l'Association finlandaise des architectes (1985), de la Médaille d'or de l'Académie Française d'Architecture (1989), du Prix Carlsberg 1992 et du Prix Pritzker 1995. Il a enseigné à Yale (1987), Columbia (1988) et Harvard (1990). Parmi ses réalisations les plus notoires : l'immeuble d'habitation Rokko, Kobé (1983–93), l'église sur l'eau, Hokkaido (1988), le pavillon japonais pour l'Expo '92 de Séville, Espagne (1992), le Musée de la forêt des tombes, Kumamoto (1992) et le Musée Suntory, Osaka (1994). Parmi ses réalisations récentes : le Awaji Yumebutai, Awajishima, Hyogo, Japon (1997–2000), le Modern Art Museum of Fort Worth, Texas (1999–2002) et le Pulitzer Foundation for the Arts, Saint Louis, Missouri (1997–2000). Il a récemment remporté le concours pour la construction de la nouvelle Fondation Pinault sur l'île Seguin, Paris.

01 CHICAGO HOUSE, Chicago, Illinois, USA, 1992–97. **02 AWAJI YUMEBUTAI,** Awajishima, Hyogo, Japan, 1995–2000/03. **03 TOTO SEMINAR HOUSE,** Tsuna-Gun, Hyogo, Japan, 1994–97.

01

02/03 ▸

PAUL ANDREU

Architecte et ingénieur, Paul Andreu parle de « poésie de la construction » et voit chaque nouveau projet comme une série de problèmes structuraux à résoudre.

Paul Andreu est né le 10 juillet 1938 à Caudéran (Gironde, France). Il est diplômé de l'École Polytechnique (1961), ingénieur de l'École Nationale des Ponts et Chaussées (1963) et architecte diplômé de l'École des Beaux-Arts (Paris, 1968). Architecte en chef des Aéroports de Paris, il a été responsable non seulement du développement de l'aéroport de Roissy-Charles de Gaulle, mais également de la conception d'une cinquantaine d'aéroports dans le monde : Djakarta (1986), Téhéran (1996), Harare, Zimbabwe (1996) et, plus récemment, Shanghai-Pudong. Paul Andreu a également travaillé sur d'autres grands projets comme le terminal français d'Eurotunnel (1987), et il a reçu la commande du futur opéra de Pékin. Parmi ses autres chantiers actuels : le Musée maritime d'Osaka au Japon.

01 NATIONAL GRAND THEATER OF CHINA, Beijing, China, 1999–2002. **02/03 ROISSY 2F**, Paris, France, 1990–98.

02/03

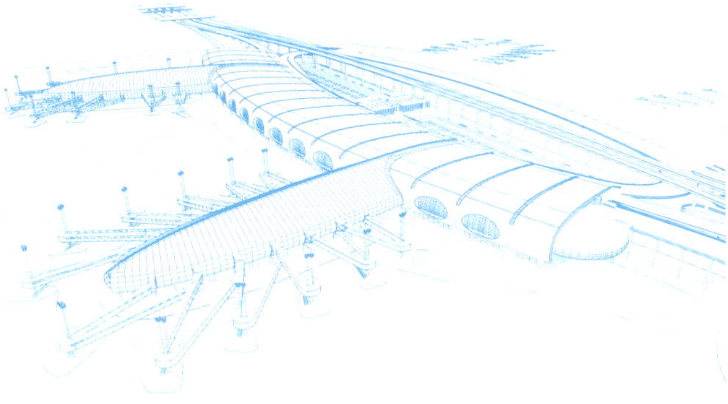

◂ 01

ANGÉLIL/GRAHAM/ PFENNINGER/SCHOLL

Bien que minimalistes, les travaux de ce groupe réservent de nombreuses surprises spatiales.

Marc Angélil fait ses études à l'ETH de Zurich (1973–79), dont il sera docteur en 1987. Il enseigne à Harvard (1982–87), à la University of Southern California (1987–94) et à l'ETH depuis 1999. Sarah Graham est diplômée d'architecture de la Stanford University (1970–74) et titulaire d'un master de Harvard (1979–82). Elle a enseigné à la University of Southern California de 1987 à 1996. L'agence Angélil/Graham a été fondée en 1982 à Los Angeles. AGPS est née en 1990 à Zurich. Reto Pfenninger a étudié au Technikum Winterthur (1984–87) avant de travailler à Lausanne, et à l'Akademie der Bildenden Künste de Munich (1989–92). Manuel Scholl a étudié à l'ETH de Zurich (1982–88) avant de travailler dans des agences d'architecture à Zurich et à Barcelone. Parmi les projets de l'agence : le terminal de l'aéroport de Midfield (Zurich-Kloten, 2000–03), la rénovation et la construction d'appartements, de bureaux et de magasins Waschanstalt (Zurich-Wollishofen, 1999–2000) et le plan directeur du « World of Sports » d'Adidas (2000) à Herzogenaurach, près de Nuremberg (Allemagne).

01

01-03 TRÜB HOUSE, HT 96.4, Horgen, Switzerland, 1996–98.

02/03

ARCHITECTURE STUDIO

Les réalisations de Architecture Studio sont la preuve qu'architecture contemporaine et spiritualité ne sont nullement incompatibles.

Fondé en 1973, Architecture Studio compte six associés : Rodo Tisnado, Martin Robain, Alain Bretagnolle, René-Henri Arnaud, Jean-François Bonne et Laurent-Marc Fischer. Leur première grande réalisation est l'Institut du Monde Arabe (Paris, 1981–87) conçu avec Nouvel, Soria et Lezènes. Parmi leurs autres réalisations importantes : l'ambassade de France (Mascate, Oman, 1987–89), le lycée du Futur (Jaunay-Clan, 1986–87) et le restaurant universitaire de Dunkerque (1991–93). Ils ont récemment entrepris l'église Notre-Dame de l'Arche d'Alliance (Paris, 1996–98), l'Institut national du Judo (Paris, 1988–2000), l'extension du Parc d'exposition de Paris-Nord Villepinte (2000) et surtout le bâtiment du Parlement européen de 220 000 m^2 (Strasbourg, 1994–98).

01/02 OUR LADY OF THE ARK OF THE COVENANT, Paris, France, 1996–97.

01

02

WIEL ARETS

« Je crois que nous sommes davantage des enfants de notre temps que des enfants nés dans un espace donné. Nous voyageons, nous enseignons et nous sommes influencés par les événements qui se produisent dans le monde entier. »

Né en 1955 à Heerlen, Pays-Bas, Wiel Arets est diplômé de l'Université technique de Eindhoven (1983). Il fonde Wiels Arets Architect & Associates à Heerlen en 1984. Il voyage en Russie, au Japon, en Amérique et en Europe (1984–89) et enseigne aux Académies d'architecture d'Amsterdam et de Rotterdam (1986). L'intérêt qu'il porte à la théorie architecturale le conduit à créer une maison d'édition, Wiederhall, en 1987. Il est Diploma Unit Master de l'Architectural Association de Londres (1988–92), et professeur invité à la Columbia University (New York, 1991–92). Doyen du Laboratoire Supérieur d'architecture de l'Institut Berlage (Amsterdam, 1995–98), il succède à ce poste à Herman Hertzberger. Parmi ses réalisations, toutes aux Pays-Bas : une maison et une pharmacie (Schoonbroodt, Brunssum, 1985–86), une maison et un salon de coiffure (Mayntz, Heerlen, 1986–87), la boutique de mode Beltgens (Maastricht, 1987), l'Académie d'art et d'architecture de Maastricht (1989–93), un immeuble de 67 appartements (Tilburg, 1992–94), le siège social du fonds de pension AZL (Heerlen, 1990–95), un poste de police (Vaals, 1993–96), un immeuble de 104 appartements, Jacobsplaats (Rotterdam, 1995–97), et l'usine et les bureaux de la société Lensvelt (Breda, 1999–2000).

01/02 LENSVELT FACTORY AND OFFICES, Breda, Netherlands, 1995–2000.

01/02 ▸

ASYMPTOTE

Tandis que certains architectes estiment que les ordinateurs ne sont utiles que pour certaines tâches, d'autres commencent à explorer des concepts radicalement nouveaux comme l'édifice « virtuel », qui n'existera que sur les écrans.

Née à Montréal en 1959, Lise Ann Couture est diplômée en architecture de la Carleton University (Canada) et titulaire d'un master de Yale. Elle a été « Design Critic » du programme de maîtrise en architecture de la Parsons School of Design, New York. Hani Rashid est titulaire d'un master d'architecture de la Cranbrook Academy of Art, Bloomfield Hills, Michigan. Ils créent Asymptote en 1987. Parmi leurs travaux : le projet primé de la West Coast Gateway (Los Angeles, 1989), un projet de logements à Brig (Suisse), leur participation au concours de 1993 pour un Centre d'art à Tours (1993) et une structure pour un festival de théâtre construite au Danemark en 1997. Actuellement, Asymptote travaille sur la construction d'un Musée des Technologies à Kyoto et sur le projet du Guggenheim Virtual Museum.

01

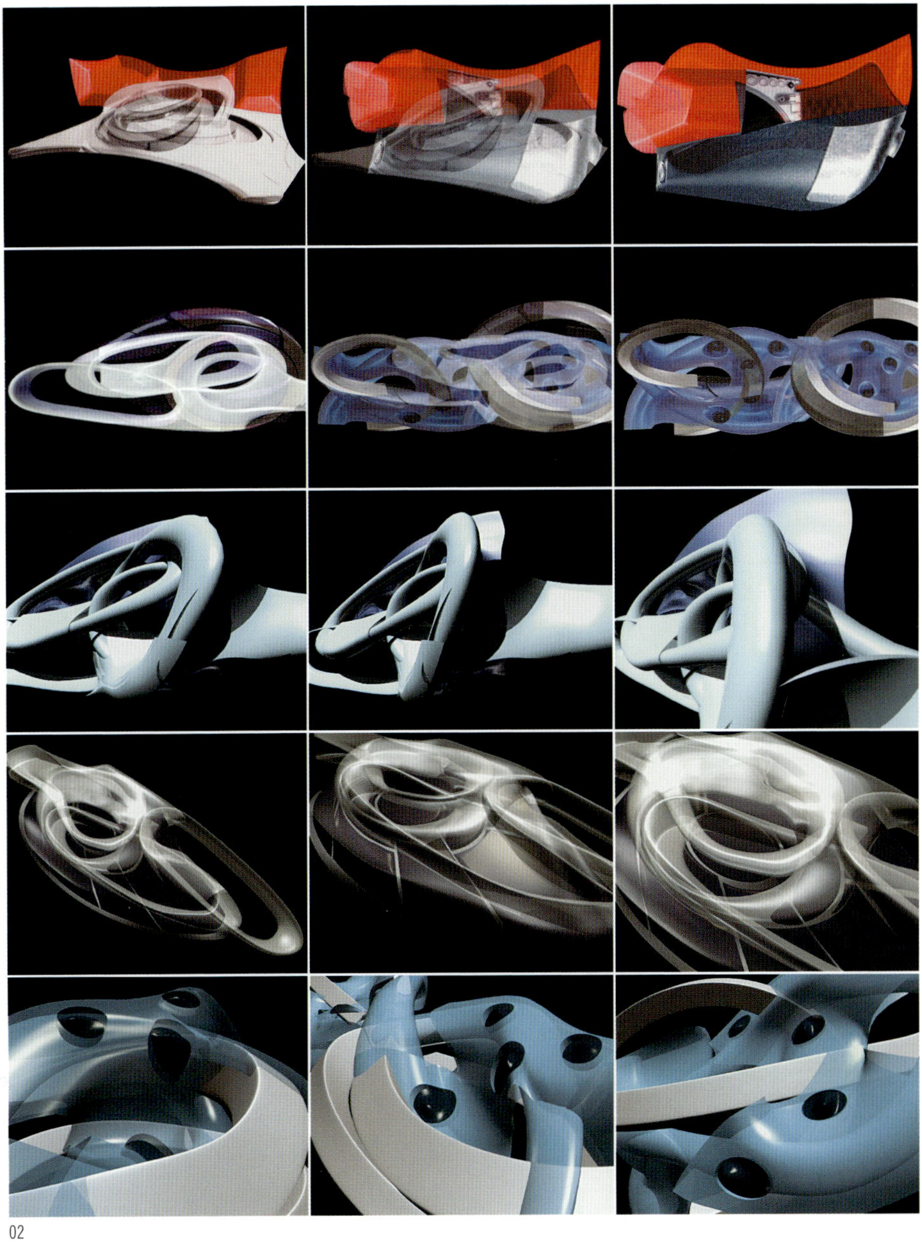

02

01/02 GUGGENHEIM, Virtual Museum, New York, NY, USA, 1999–2002.

SHIGERU BAN

Pionnier de l'architecture en papier, Shigeru Ban conçoit des édifices dont la matière première est le papier.

Né en 1957 à Tokyo, Shigeru Ban fait ses études au Southern California Institute of Architecture (SCI-Arc) de 1977 à 1980, puis à la Cooper Union School of Architecture, où il suit l'enseignement de John Hejduk (1980–82). Il travaille pour Arata Isozaki (1982–83) avant de créer sa propre agence à Tokyo en 1985. Il a conçu de nombreuses expositions (dont l'exposition Alvar Aalto, Axis Gallery, Tokyo, 1986). Parmi ses réalisations architecturales au Japon : le Pavillon Odawara (Kanagawa, 1990), la Paper Gallery (Tokyo, 1994), la Maison de papier (Lac Yamanaka, 1995) et l'Église de papier (Takatori, Hyogo, 1995). Il conçoit également des structures éphémères comme son abri pour réfugiés en feuilles de plastique et tubes de papier pour le Haut Commissariat aux Réfugiés des Nations Unies (HCRNU). Il a été choisi pour concevoir le pavillon japonais de l'Expo 2000 à Hanovre. Il travaille actuellement à la construction du Centre d'interprétation du canal de Bourgogne (Pouilly-en-Auxois) et à la création de logements à Pékin.

01-03 PAPER HOUSE, Lake Yamanaka, Yamanashi, Japan, 1994–95.

01

02/03 ►

BERGER + PARKKINEN

En 1995, le couple finno-autrichien Alfred Berger et Tiina Parkkinen a remporté le concours pour l'élaboration du plan directeur des ambassades des cinq pays nordiques à Berlin.

Alfred Berger est autrichien et son associée Tiina Parkkinen finlandaise, bien que née à Vienne en 1965 où elle a suivi les cours de l'Akademie der Bildenden Künste, dont elle est sortie diplômée en 1994. Alfred Berger, né à Salzbourg en 1961, a étudié à l'Université Technique de Vienne avant d'entrer à l'Akademie der Bildenden Künste qu'il quitte en 1989. Il fonde sa première agence d'architecture, Berger & Krismer en 1990, puis Penttilä-Berger-Krismer en 1992. L'agence Berger + Parkkinen a été fondée en 1995. Parmi les réalisations de Berger + Parkkinen figurent la patinoire de Vienne (1994), un chantier de rénovation pour l'Akademie der Bildenden Künste (1998) et le plan directeur des ambassades des pays nordiques à Berlin. Ils travaillent actuellement sur un centre de recherche biomédicale à Vienne et sur un palais de justice à Leoben, Autriche (2000).

01/02 NORDIC EMBASSIES, Berlin, Germany, 1995–99.

01/02 ►

BOLLES + WILSON

Situés près du pont Érasme, imaginé par Ben van Berkel, les bâtiments des quais conçus par Bolles + Wilson témoignent de l'ampleur du développement du quartier Kop van Zuid où se trouvaient les anciens docks de Rotterdam.

Peter Wilson naît à Melbourne en 1950. Il étudie à l'Université de Melbourne (1968–70) et à l'Architectural Association (AA) de Londres (1972–74). Julia Bolles Wilson, née en 1948 à Münster, fait ses études à l'Université de Karlsruhe (1968–76) et à l'AA (1978–79), lorsque Wilson y exerce comme Unit Master (1978–88). Ils créent le Wilson Partnership à Londres en 1980 et l'Architekturbüro Bolles + Wilson en 1987, qui s'installe à Münster, en Allemagne, en 1988. Parmi leurs réalisations : une « folie de jardin » pour l'Expo '90 d'Osaka. Peter Wilson a construit la Suzuki House à Tokyo (1993). Parmi leurs dernières réalisations : la tour WLV à Münster (1991–96), les bâtiments des quais du quartier Kop van Zuid à Rotterdam (1991–96), le siège social de la Volksbank à Borken (Allemagne, 1997–2000) et le laboratoire du TGZ II à Halle-Wittenberg (Allemagne, 1999–2000).

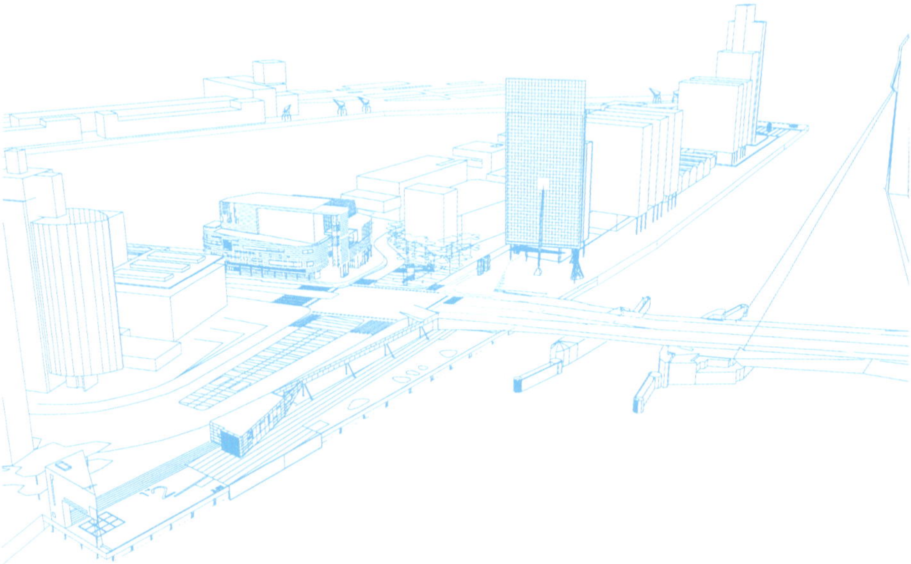

01

02

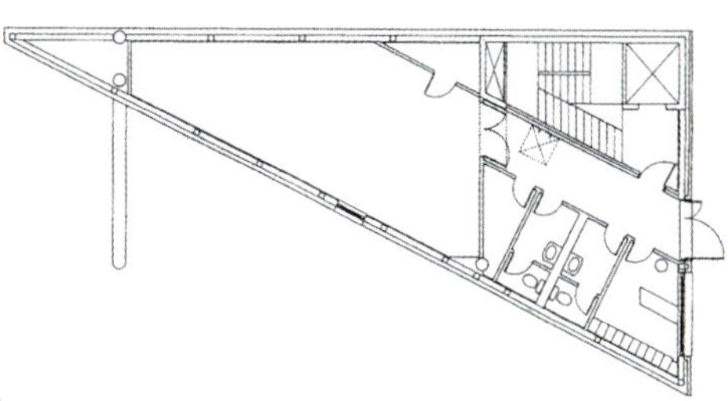

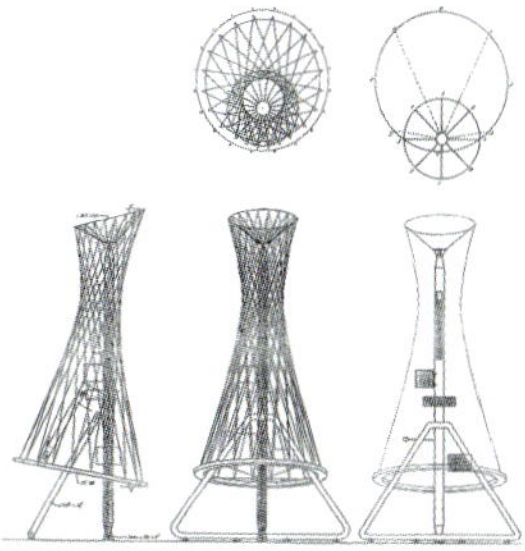

03

01-03 QUAY BUILDINGS, Kop van Zuid, Rotterdam, The Netherlands, 1991–96.

BOORA ARCHITECTS

Ce prototype de « restaurant rapide de haute cuisine et de boissons à emporter », imaginé pour un site sur la Pacific Coast Highway, rompt avec les concepts traditionnels.

Fondé en 1960, BOORA Architects regroupe neuf associés et une centaine de collaborateurs. L'agence se consacre à l'architecture, à l'urbanisme et à l'architecture intérieure. Elle intervient aux États-Unis et dans d'autres pays. Elle a été chargée des plans directeurs et de la construction de 34 campus de collèges et d'universités et 65 salles de spectacles. Parmi ses travaux actuels : la nouvelle salle de spectacles de la University of California (Davis), le National Underground Railroad Freedom Center (Cincinnati, Ohio), l'Arts and Entertainment Center (Mesa, Arizona) et le Palais de justice Mark O. Hatfield (Portland, Oregon).

01-04 AUTOBISTRO, Newport Beach, California, USA, 1997–98.

01

02

03/04 ►

AUTOBISTRO

MARIO BOTTA

« J'adore les églises parce qu'elles vous donnent l'impression que vous êtes le protagoniste. En réalité, vous devez pouvoir entrer dans une église et sentir que vous êtes au centre du monde. »

Né à Mendrisio, Suisse, en 1943, Mario Botta quitte l'école à 15 ans pour devenir apprenti dans une agence d'architecture de Lugano. Il dessine sa première maison l'année suivante. Après avoir étudié à Milan et à Venise, et brièvement travaillé dans l'entourage de Le Corbusier, Louis Kahn et Luigi Snozzi, il construit des villas dans le Tessin : à Cadenazzo (1970–71), à Riva San Vitale (1971–73) et à Ligornetto (1975–76). Parmi ses principales réalisations : la médiathèque de Villeurbanne (1984–88), le centre culturel de Chambéry (1982–87), la cathédrale d'Évry (1988–95), le San Francisco Museum of Modern Art (1992–95), une chapelle à Monte Tamaro (Suisse, 1992–96), le Musée Jean Tinguely de Bâle (1993–96), l'église de Mogno (Suisse, 1986–98) et un projet de rénovation du presbytère de la cathédrale de Santa Maria del Fiore, à Florence (1997).

01-03 CHURCH OF SAINT JOHN THE BAPTIST, Mogno, Ticino, Switzerland, 1986 / 92–98.

01

02/03 ►

BRANSON COATES

Branson Coates a conçu d'étonnantes structures par le passé, et ce pavillon figuratif est sans nul doute l'un des éléments les plus inattendus qu'abrite le Millennium Dome à Londres.

Doug Branson, né en 1951, et Nigel Coates, né en 1949, fondent l'agence Branson Coates en 1983, après avoir tous deux étudié à l'Architectural Association (AA) de Londres. Nigel Coates enseigne à l'AA pendant de nombreuses années, d'abord comme assistant de Bernard Tschumi, puis comme Unit Master de la Unit 10 (1977–89). Parmi les réalisations de Branson Coates : le Bohemia Jazz Club (Tokyo, 1986), le Caffé Bongo (Tokyo, 1986), le Nishi Azubu Wall (Tokyo, 1990) et le Nautilus Bar et Seafood Restaurant de l'aéroport de Schiphol, près d'Amsterdam (Pays-Bas, 1993). L'une de leurs plus récentes réalisations en Grande-Bretagne est le National Centre for Popular Music de Sheffield, (1996–98), dont la forme en trèfle a inspiré celle de Powerhouse:UK, structure temporaire gonflable édifiée pour le Ministère du commerce et de l'industrie sur Horse Guards Parade, à Londres, en 1998. Parmi leurs chantiers récents : la rénovation des bureaux de Christie's, King Street, à Londres.

01/02 THE BODY ZONE, Millennium Dome, London, England, 2000.

01/02 ►

Work
Learning

WILL BRUDER

« Pour cette résidence, l'idée était de créer un ensemble abstrait de murs en béton, semblables à des canyons, rappelant ces structures géologiques qui jaillissent naturellement dans l'environnement désertique qui entoure la maison. »

Né à Milwaukee, Wisconsin, en 1946, Will Bruder est diplômé de sculpture de l'Université de Wisconsin-Milwaukee et architecte autodidacte. Il fait son apprentissage auprès de Paolo Soleri et Gunnar Birkerts. Licencié en architecture en 1974, il crée son propre atelier la même année, puis étudie à l'American Academy de Rome pendant six mois en 1987. Il enseigne et donne des conférences au Southern California Institute of Architecture, à Yale, à Taliesin West et à l'Université Georgia Tech. Son œuvre la plus importante aux États-Unis est la Phoenix Central Library (Phoenix, Arizona, 1988–95). Parmi ses projets récents : la Teton County Library et l'agence Riddell Advertising (Jackson, Wyoming), le Temple Kol Ami (Scottsdale, Arizona), le Deer Valley Rock Art Center (Phoenix, Arizona) et des résidences à Boston, dans le Colorado et l'Arizona, au Canada et en Australie, ainsi qu'un restaurant à Manhattan.

01-05 BYRNE RESIDENCE, North Scottsdale, Arizona, USA, 1994–98.

01

02

03/04/05

SANTIAGO CALATRAVA

« On a dit que la forme est déterminée par la fonction, mais la forme dépend également d'autres facteurs. Dieu merci, les toilettes dans mes édifices fonctionnent, ainsi que les entrées et les sorties. Mais où étaient les toilettes au Parthénon ? »

Né à Valence, Espagne, en 1951, Santiago Calatrava étudie l'art et l'architecture à la Escuela Técnica Superior de Arquitectura de Valence (1968–73) et l'ingénierie à l'ETH de Zurich, dont il est docteur en sciences techniques en 1981. La même année, il ouvre son agence d'architecture et d'ingénierie. Parmi ses réalisations : la Gallery and Heritage Square, BCE Place (Toronto, 1987), le pont Bach de Roda (Barcelone, 1985–87), la Torre de Montjuic (Barcelone, 1989–92), le pavillon du Koweit pour l'Expo '92

01

01 ORIENTE STATION, Lisbon, Portugal, 1993–98.
02 CITY OF ARTS AND SCIENCES, Valencia, Spain, 1991–.

de Séville, le pont Alamillo pour la même manifestation, ainsi que la gare TGV de Lyon-Satolas (1989–94). Il a achevé la gare de l'Oriente à Lisbonne en 1998. Finaliste du concours pour le Reichstag de Berlin, il vient d'achever le Musée des sciences de Valence (1996–2000), l'aéroport de Sondica à Bilbao (1990–2000) et un pont à Orléans (1996–2000). Il travaille actuellement sur la cathédrale du diocèse d'Oakland en Californie.

02

ALBERTO CAMPO BAEZA

Ce centre donne la très nette impression d'un style minimaliste que l'architecte va même jusqu'à appeler sa « marque CB » (d'après les initiales de son nom).

Né à Cadix, Alberto Campo Baeza étudie l'architecture à Madrid (doctorat en 1982). Il a enseigné à Madrid, à l'ETH de Zurich (1989–90), à la Cornell University et à la University of Pennsylvania (1986 et 1999). Parmi ses réalisations en Espagne : l'hôtel de ville de Fene (1980), le collège San Fermín de Madrid (1985), une bibliothèque publique à Orihuela (1992), un collège à Cadix (1992), le Centre du BIT à Majorque (1998), ainsi qu'un certain nombre de villas. Ses projets actuels concernent le siège de la Caja General de Ahorros à Grenade et une maison pour Tom Ford (Gucci) à Santa Fe (Nouveau-Mexique).

01

01-03 CENTER FOR INNOVATIVE TECHNOLOGIES BIT,
Inca, Majorca, Spain, 1995–98.

02/03

DAVID CHIPPERFIELD

Cette boutique de vêtements a été installée au rez-de-chaussée et au premier étage d'un immeuble de bureaux des années 60, situé 74 Sloane Avenue, à deux pas du bâtiment de Michelin avec son célèbre Bibendum.

Né à Londres en 1953, David Chipperfield obtient son diplôme d'architecte de l'Architectural Association de Londres en 1977. Il travaille dans les agences de Norman Foster et de Richard Rogers avant de fonder David Chipperfield Architects (Londres, 1984). Parmi ses réalisations : l'Arnolfini Arts Centre (Bristol, 1987), le Design Store (Kyoto, 1989), le siège social de Matsumoto (Okayama, Japon, 1990), la galerie des plantes et le hall central du Natural History Museum (Londres, 1993), le Wagamama Restaurant (Londres, 1996) et le River & Rowing Museum (Henley-on-Thames, 1996). Parmi ses travaux en cours : le siège de la Landeszentralbank (Gera, Allemagne), des logements à Berlin-Spandau, un immeuble de bureaux à Düsseldorf et la reconstruction du Neues Museum à Berlin (2000–06).

01

02

03/04

01-04 JOSEPH MEN'S SHOP, London, England, 1997.

CLARE DESIGN

« Nous recherchions le caractère et la rigidité d'un hangar agricole, en même temps que la luminosité et l'ouverture d'un club de surf. »

Lindsay Clare naît en 1952 à Brisbane et Kerry Clare à Sydney en 1957. Tous deux obtiennent leur diplôme d'architecture à la Queensland University of Technology et ils créent leur agence à Mooloolaba en 1980. Ils ont réalisé plus de cent projets comme la McWilliam Residence (1990), la Clare Residence (1991), la Hammond Residence (1994) et le Cotton Tree Pilot Housing (1995), tous sur la Sunshine Coast. Ils tentent de « combiner les principes du modernisme et de l'architecture traditionnelle du Queensland pour créer

01/02 SUNSHINE COAST UNIVERSITY CLUB, Sippy Downs, Queensland, Australia, 1996.

01

des solutions qui répondent aux besoins de l'environnement, de la culture contemporaine et de la communauté ». Ils travaillent actuellement comme directeurs des projets pour le bureau d'architecture du gouvernement de la Nouvelle-Galles-du-Sud. Parmi leurs projets récents : le plan directeur pour le front de mer de Sydney Cove, le centre d'exposition des Royal Botanic Gardens, l'école du Village olympique et l'Environment Centre pour le Riverina Institute of TAFE (Technical and Further Education).

02

COOP HIMMELB(L)AU

L'édifice est « conçu comme un vidéoclip et cherche à abolir la perspective centrale ».

Wolf Prix et Helmut Swiczinsky ont fondé Coop Himmelb(l)au à Vienne en 1968 et ouvert une seconde agence à Los Angeles en 1988. Wolf Prix, né à Vienne en 1942, étudie à la Technische Universität de Vienne, au Southern California Institute of Architecture (SCI-Arc) et à l'Architectural Association de Londres. Il est professeur d'architecture de l'Université des arts appliqués de Vienne et professeur adjoint au SCI-Arc. Helmut Swiczinsky naît en 1944 à Poznań, en Pologne, mais il est élévé à Vienne où il étudie à la Technische Universität et à l'AA. Parmi leurs réalisations : la restructuration du sommet d'un immeuble viennois, le plan directeur de la ville nouvelle de Melun-Sénart et le pavillon est du Groninger Museum de Groningue (Pays-Bas, 1990–94). Ils ont également remodelé le pavillon autrichien des Giardini à Venise, Italie. Parmi leurs réalisations les plus récentes : le Musée de l'Hygiène et le cinéma UFA Palast à Dresde (1997–98), l'Académie des Beaux-Arts de Munich et la tour d'appartements SEG à Vienne.

01/02 UFA CINEMA CENTER, Dresden, Germany, 1996–98.

UFA-PALAST
DRESDEN

DALY GENIK

L'alliance de l'aluminium et du béton donne à la maison un caractère presque industriel, qui semble inspiré de logements provisoires ou de conteneurs de marchandises.

Chris Genik est diplômé en architecture de la Carleton University (1983) et il obtient son doctorat d'architecture à la Rice University en 1985. Après son troisième cycle d'université, il s'associe à Peter Waldman, professeur à la Rice University, et réalise une série de projets institutionnels, résidentiels et théoriques. Parallèlement, il enseigne à l'Université de Houston, au Texas. En 1989, il s'installe à Los Angeles, où il crée Daly Genik. Kevin Daly est diplômé en architecture de la University of California de Berkeley et il obtient son doctorat d'architecture à la Rice University. Il a participé au Studio Faculty du Southern California Institute of Architecture (1992–99). Avant de devenir associé de Daly Genik en 1989, il a travaillé comme associé chez Frank O. Gehry (1986–90), chez Hodgetts & Fung (1985–86) et pour l'agence Design Build Studio à Berkeley (1980–85).

01

02

03

04

01-04 VALLEY CENTER HOUSE, North San Diego County, California, USA, 1998.

DILLER + SCOFIDIO

« Depuis que l'homme ne peut plus prétendre être au centre d'un l'univers contrôlable, la position du spectateur continue d'être un sujet de réflexion critique. »

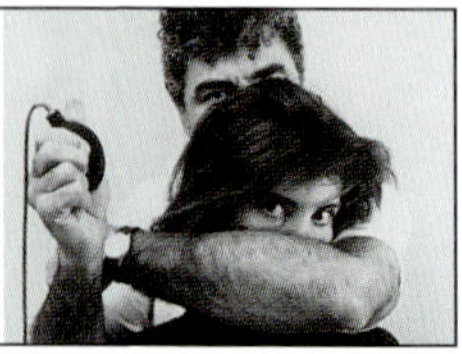

Elizabeth Diller est professeur d'architecture à l'Université de Princeton et Ricardo Scofidio occupe les mêmes fonctions à la Cooper Union de New York. Selon leurs propres termes : « Diller + Scofidio est une agence interdisciplinaire coopérative qui se consacre à l'architecture, aux arts plastiques et aux arts du spectacle. L'équipe travaille essentiellement sur des recherches thématiques expérimentales qui se concrétisent sous forme de commandes architecturales, d'installations temporaires, d'installations permanentes adaptées au site, de théâtre multimédia, de médias électroniques et d'imprimés. » Parmi leurs réalisations : Slither, 100 logements sociaux à Gifu (Japon) et Moving Target, œuvre chorégraphique en collaboration avec Charleroi/Danses (Belgique). Les installations de Diller + Scofidio ont été présentées à la Fondation Cartier à Paris (Master/Slave, 1999), au Museum of Modern Art de New York et au Musée de la mode à Paris. Ils ont récemment achevé The Brasserie Restaurant dans le Seagram Building (New York, 1998–99) et le Blur Building (Expo '02, Yverdon-les-Bains, Suisse, 2000–02), et ils ont été choisis pour la construction du nouvel Institut d'art contemporain de Boston.

01

01 THE BRASSERIE, Seagram Building, New York, NY, USA, 1998–2000.
02 BLUR BUILDING, International Expo 2002, Yverdon, Switzerland, 1998–2002.

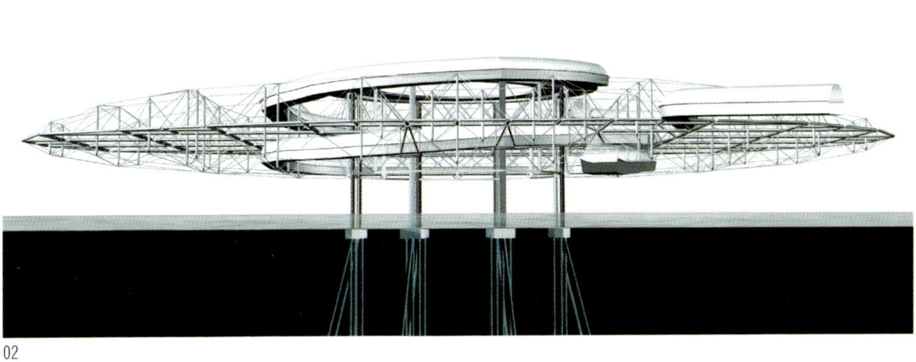

ERICK VAN EGERAAT

« Un modeste manifeste contre l'effet répressif du conservatisme chicanier et déplacé, et pour la réinterprétation à l'aide de moyens contemporains. »

Né en 1956 à Amsterdam, Erick van Egeraat crée Mecanoo Architects à Delft en 1983, avec Henk Döll, Chris de Weijer et Francine Houben. Ils interviennent sur de grands programmes de logements comme le Herdenkingsplein à Maastricht (1990–92) et sur d'autres projets de moindre envergure comme le Pavillon Boompjes, structure en porte-à-faux qui donne sur le port de Rotterdam. Erick van Egeraat quitte Mecanoo en 1995 avec 17 autres membres de l'agence et fonde Erick van Egeraat Associated Architects. Il déclare son intention de s'orienter vers une « architecture chaleureuse et accueillante » qu'il appelle « baroque moderne » par opposition au style davantage néo-moderne de Mecanoo. Parmi les réalisations de son agence : l'exposition Pop Art (Kunsthal, Rotterdam, 1995), Housing Sternstrasse (Dresde, 1994–), l'exposition Léonard de Vinci (Rotterdam, 1995–96), la reconstruction du « Grote Markt » à Groningue, le plan directeur de l'Utrecht Centrum Project (1995–96) et l'École de mode et d'industrie graphique d'Utrecht (1994–97). Parmi ses projets récents : la rénovation et l'extension du Haarlem Theatre (2001–05), une galerie d'art et une place publique à Middlesbrough (2002–05) et l'hôtel de ville d'Alphen aan den Rijn (1997–2002).

01-03 SCHOOL FOR FASHION AND GRAPHIC INDUSTRY, Utrecht, The Netherlands, 1994–97.

01

02/03 ►

STEVEN EHRLICH

« J'aime à penser que le pavillon, avec ses matériaux innovants et ses parois de verre évanescentes, perpétue les idées de Neutra tout en les faisant évoluer. »

Né à New York en 1946, Steven Ehrlich est diplômé en architecture du Rensselaer Polytechnic Institute de Troy, New York (1969). Il étudie ensuite l'architecture vernaculaire indigène d'Afrique du Nord et de l'Ouest de 1969 à 1977. Il a construit de nombreuses résidences privées dont la Friedman Residence (1986), la Ehrman-Coombs Residence (Santa Monica, 1989–91) et la Shulman Residence (Brentwood, 1989–92), toutes les trois dans la région de Los Angeles, en Californie. Parmi ses autres réalisations : le Shatto Recreation Center (Los Angeles, 1991), le Sony Music Entertainment Campus (Santa Monica, 1993), le Child Care Center pour Sony (1993–95) et le Game Show Network (1995) à Culver City, ainsi que la Robertson Branch Library (Los Angeles, 1996). Plus récemment, il a réalisé les Dreamworks SKG Animation Studios (Glendale, Californie, 1998), l'Orange Coast Collage Art Center (Costa Mesa, 2000), ainsi que la Biblioteca Latinoamericana et le Washington Youth Center (San Jose, 1999).

01/02 CANYON RESIDENCE, Los Angeles, California, USA, 1996–98.
03 HOUSE EXTENSION, Santa Monica, California, United States, 1996–98.

01

02/03 ►

FREDERICK FISHER

Pour le projet P.S.1, d'un budget de 8,5 millions de dollars, Frederick Fisher a aménagé 11 000 m² d'espace, dont d'étonnantes « salles » d'exposition extérieures formées par des murs en béton devant l'entrée principale.

Né à Cleveland, Ohio, en 1949, Frederick Fisher étudie à l'Oberlin College, dont il sort diplômé en 1971, pour entrer à la UCLA Graduate School of Architecture and Urban Planning la même année. Il travaille pour Frank O. Gehry à Santa Monica de 1978 à 1980, puis crée l'agence Fisher/Roberts avec son condisciple de la UCLA, Thane Roberts avant de s'installer à son compte. Parmi ses réalisations : l'Eli Broad Family Foundation, rénovation d'un bâtiment de 1927 à Santa Monica (1989), la L. A. Louver Gallery (Venice, Californie, 1994), P.S.1 (Long Island City, New York, 1988–97) et un certain nombre de résidences privées en Californie, ainsi que les West Shinjuku Studio Apartments (Tokyo, 1990).

01

01-03 P.S. 1, Long Island City, New York, New York, United States, 1995–98.

NORMAN FOSTER

« Vous n'avez pas besoin de tout montrer. Je crois qu'il s'agit d'un jugement de valeur entre ce que vous révélez et ce que vous ne révélez pas. Il n'y a rien de moins sexy qu'une femme entièrement nue... »

Né à Manchester en 1935, Norman Foster étudie l'architecture et l'urbanisme à la Manchester University (1961). Titulaire d'un Henry Fellowship de la Yale University, il obtient son doctorat d'architecture à Yale (1963), où il rencontre Richard Rogers avec lequel il crée Team 4. Il est titulaire de la Royal Gold Medal for Architecture (1983) et de l'American Institute of Architects Gold Medal for Architecture (1994). Fait chevalier en 1990, Sir Norman Foster a notamment réalisé le siège pilote d'IBM (Cosham, Grande-Bretagne, 1970–71), le Sainsbury Centre for Visual Arts et la Crescent Wing de l'Université d'East Anglia (Norwich, Grande-Bretagne, 1976–77, 1989–91), le siège de la Hong Kong and Shanghai Banking Corporation (Hong-Kong, 1981–86), le terminal de l'aéroport de Stansted (Grande-Bretagne, 1987–91), la faculté de droit de Cambridge (1993–95) et le siège de la Commerzbank (Francfort, Allemagne, 1994–97). Parmi ses projets récents : l'aéroport de Chek Lap Kok (Hong-Kong, 1995–98), le nouveau Reichstag (Berlin, 1995–99) et la rénovation du British Museum (Londres, 1997–2000).

01 GREATER LONDON AUTHORITY, London, England, 1999–2002. **02/03 REICHSTAG**, Berlin, Germany, 1993–99.

01

02/03

MASSIMILIANO FUKSAS

« L'influence de l'art sur l'architecture ne devrait pas être immédiatement visible. Je n'aime pas les sources d'inspiration trop évidentes. L'inspiration doit être sentimentale, intellectuelle ou affective. »

Né dans la capitale italienne en 1944, Massimiliano Fuksas est diplômé de la Faculté d'architecture de Rome (1969). Il fonde aussitôt l'agence d'architecture Granma avec Anna Maria Sacconi (1969–88). Après avoir réalisé un grand nombre de projets en Italie, il se fait également connaître à l'étranger, et surtout en France à la fin des années 80, par des projets comme le nouveau cimetière d'Orvieto (1990), l'hôtel de ville et la bibliothèque de Cassino (1990), la médiathèque de Rézé (France, 1991) et l'École nationale d'Ingénieurs de Brest (ENIB, 1992). Plus récemment, il a achevé la restructuration d'un ensemble urbain, rue Candie, à Paris (1987–93), le lycée technique d'Alfortville, la Place des Nations à Genève, une tour de 150 m de haut à Vienne et un grand centre commercial à Salzbourg. En 1999, Massimiliano Fuksas a été nommé directeur de la Biennale d'architecture de Venise pour une période de quatre ans.

01/02 EUROPARK SPAR, Salzburg, Austria, 1994–97.

01/02 ►

FRANK O. GEHRY

« Je pense que l'expression artistique est la source qui alimente nos âmes collectives, que l'innovation et les réponses aux problèmes sociaux extrêmes ne sont pas des impératifs exclusifs. »

Né à Toronto (Canada) en 1929, Frank O. Gehry étudie à la University of Southern California, Los Angeles (1949–51), et à Harvard (1956–57). À la tête de Frank O. Gehry and Associates, Inc., Los Angeles, depuis 1962, il se voit attribuer le Prix Pritzker en 1989. Parmi ses projets les plus remarqués : la Loyola Law School, Los Angeles (1981–84), la Norton Residence, Venice, Californie (1983), le California Aerospace Museum, Los Angeles (1982–84), la Schnabel Residence, Brentwood (1989), le Festival Disney, Marne-la-Vallée, France (1989–92), le musée Guggenheim, Bilbao, Espagne (1991–97), l'Experience Music Project, Seattle, Washington (1995–2000) et le futur musée Guggenheim de New York (1998–).

01/02 EXPERIENCE MUSIC PROJECT, Seattle, Washington, USA, 1995–2000.

Experience
Music Project
Main Entrance
adidas

GIGON/GUYER

Le toit en dents de scie permet de laisser entrer la lumière naturelle, mais il rappelle également l'architecture industrielle locale ou même les paysages de campagne montagneuse.

Née en 1959, Annette Gigon est diplômée de l'ETH de Zurich (1984). Elle a travaillé dans l'agence d'Herzog & de Meuron à Bâle (1985–88) avant de s'installer à son compte (1987–89) et de créer l'agence actuelle en s'associant à Mike Guyer en 1989. Né en 1958, ce dernier est également diplômé de l'ETH (1984). Il a travaillé auprès de Rem Koolhaas (OMA) (1984–87) et enseigné avec Hans Kollhoff à l'ETH (1987–88). Parmi leurs réalisations, toutes situées en Suisse : le Kirchner Museum (Davos, 1990–92), le restaurant Vinikus (Davos, 1990–92) et la rénovation de la Collection Oskar Reinhart (Römerholz, Winterthur, 1997–98). Ils ont participé à de nombreux concours internationaux comme celui de l'extension du Nelson-Atkins Museum (Kansas, 1999) et du projet de « Cité de la culture » de Saint-Jacques-de-Compostelle (1999). Ils travaillent actuellement à l'extension du Musée de l'aviation et de l'espace de Lucerne (2000–03). Leur agence emploie aujourd'hui 18 architectes.

01-03 MUSEUM LINER, Appenzell, Switzerland, 1996–98.

01

02/03

NICHOLAS GRIMSHAW

L'Eden Project est une « vitrine de la biodiversité mondiale et le symbole de la dépendance de l'homme vis-à-vis des plantes ». Il est fait de « dômes transparents climatisés et reliés entre eux, nichés au cœur d'un paysage sauvage ».

Né à Londres en 1939, Nicolas Grimshaw est diplômé de l'Architectural Association (1965). Il crée son agence actuelle, Nicholas Grimshaw and Partners Ltd., en 1980. Il conçoit de nombreuses usines dont celle de Herman Miller à Bath (1976), de BMW à Bracknell (1980), du fabricant de meubles Vitra à Weil-am-Rhein, Allemagne (1981) ou l'imprimerie du Financial Times à Londres en 1988. Il construit également des maisons dans le cadre du Sainsbury Supermarket Development à Camden Town, Londres (1989), ainsi que le pavillon britannique de l'Expo '92 à Séville. L'une de ses œuvres les plus connues est le terminal international de la gare de Waterloo, Londres (1988–93). Parmi ses autres réalisations : la Ludwig Erhard Haus (Berlin, 1996–98), l'Institut européen des sciences sanitaires de l'Université du Surrey et le siège régional du Royal Automobile Club (RAC) à Bristol.

01-03 THE EDEN PROJECT, St. Austell, Cornwall, England, 1998–2000.

01

02/03 ►

GROSE BRADLEY

Essentiellement construite en verre pour permettre à son propriétaire de jouir pleinement de la vue, la maison est posée sur une plate-forme, soulignant ainsi le désir des architectes de ne pas altérer l'environnement naturel.

James Grose, né en 1954 à Brisbane, est architecte agréé dans le Queensland et en Nouvelle-Galles du Sud. Il a dirigé Grose Bradley PL de 1988 à 1998, et est actuellement l'un des associés de l'agence Bligh Voller Nield. Il a construit de nombreuses maisons privées en Australie dont la McMullen House (Toowoon Bay, 1989), la A3 House (Sydney, 1991), la Myer House (Rocky Point, 1992), la Granger House (Oxford Falls, 1996) et la Steel House (Mooball, 1997), pour laquelle il a reçu un Award for Outstanding Architecture en 1998. Il a construit les bâtiments destinés aux Jeux olympiques de Sydney en l'an 2000. Une monographie sur son œuvre a été publiée en 1998 par L'Arcaedizioni (Milan) sous le titre *The Poetics of Materiality*.

01-03 STEEL HOUSE, Mooball, New South Wales, Australia, 1996–97.

01

02/03

ZAHA HADID

Avec ses terrasses et ses passerelles, l'édifice ne semble pas être un élément étranger comme auraient pu le laisser penser sa conception complexe et la réputation de Zaha Hadid.

Zaha Hadid étudie l'architecture à l'Architectural Association (AA) de Londres de 1972 à 1977, date à laquelle elle obtient le Prix du diplôme. Elle est ensuite associée dans l'agence de Rem Koolhaas, Office for Metropolitan Architecture (OMA), et enseigne à l'AA, ainsi qu'à Harvard, à la University of Chicago, à Hambourg et à la Columbia University de New York. Surtout connue pour ses peintures et ses dessins, elle exerce une réelle influence dans le monde de l'architecture, bien que n'ayant pas

01

01 LANDSCAPE FORMATION ONE, Weil am Rhein, Germany, 1996–99.
02 MIND ZONE, Millennium Dome, London, England, 1999.

beaucoup construit. Parmi ses réalisations : le poste d'incendie de Vitra (Weil-am-Rhein, Allemagne, 1990–94) et des projets d'expositions comme « La Grande utopie », Solomon R. Guggenheim Museum, New York, 1992. Elle a participé à des concours dont les plus importants sont le projet de la Cardiff Bay Opera House (1994–96), le Pont habitable (Londres, 1996) et la salle de concerts philharmoniques de Luxembourg (1997).

02

HIROSHI HARA

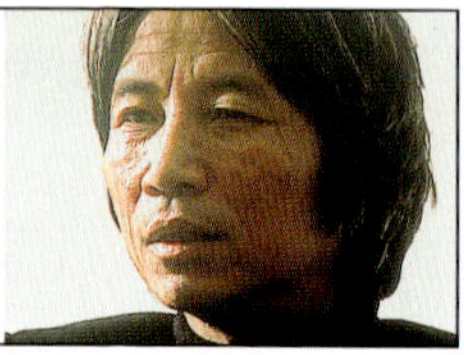

La gare JR de Kyoto est une référence aux théories de Hiroshi Hara, auteur d'écrits sur les villes du futur faites de gratte-ciel reliés entre eux.

Né à Kawasaki, Japon, en 1936, Hiroshi Hara est Bachelor of Arts de l'Université de Tokyo (1959), Master of Arts (1961) et docteur de cette même université (1964) avant de devenir professeur associé de la faculté d'architecture. Ses premières œuvres datent du début des années 60, mais il n'entame sa collaboration avec l'atelier Phi qu'en 1970. Parmi ses réalisations notoires : de nombreuses résidences privées, dont la sienne, Hara House (Machida, Tokyo, 1973–74). Il participe en 1982 au concours international pour le Parc de la Villette, construit le Yamamoto International Building (Ota-ku, Tokyo, 1985–86), le musée municipal d'Ida (Nagano, 1986–88) et le centre culturel Sotetsu (Yokohama, Kanagawa, 1988–90). Parmi ses œuvres récentes au Japon : l'Umeda Sky Building (Kita-ku, Osaka, 1988–93) et la gare JR de Kyoto (Sakyo-ku, Kyoto, 1990–97).

01/02 ITO HOUSE, Chijiwa, Nagasaki, Japan, 1997–98.
03 JR KYOTO RAILWAY, Station Kyoto, Japan, 1991–97.

01

02

03

ITSUKO HASEGAWA

« C'est un espace interactif, calme, qui invite à la méditation, conçu pour le plaisir des citoyens de Niigata et des visiteurs du monde entier. »

Itsuko Hasegawa est née dans la préfecture de Shizuoka en 1941. Diplômée de l'Université Kanto Gakuin à Yokohama en 1964, elle travaille auprès de Kiyonori Kikutake (1964–69), puis étudie en tant que chercheuse au département d'architecture de l'Institut de Technologie de Tokyo. Elles est ensuite assistante de Kazuo Shinohara dans la même institution (1971–78) avant de créer l'Atelier Itsuko Hasegawa à Tokyo (1979). Parmi ses réalisations au Japon : des maisons à Nerima (1986),

01/02 NIIGATA PERFORMING ARTS CENTER, Niigata City, Niigata, Japan, 1993–98.

01

Kumamoto (1986) et Higashi-Tamagawa (1987). Récemment, elle a réalisé des projets de plus grande envergure comme le centre culturel Shonandai (Fujisawa, Kanagawa, 1987–90), le Musée du livre illustré Oshima-machi (Imizu, Toyama, 1992–94) et la Sumida Culture Factory (Sumida, Tokyo, 1991–94). En 1995, elle a achevé le gymnase de l'Université de Hikone et le Musée du fruit à Yamanashi. Elle s'est classée deuxième du concours pour le Cardiff Bay Opera House en 1993.

ZVI HECKER

« La forme architecturale ne dépend pas uniquement de la fonction ; elle doit se déployer au plus profond de la conscience de l'artiste. »

Né en 1931 à Cracovie, Pologne, Zvi Hecker grandit à Samarcande et à Cracovie avant d'émigrer en Israël en 1950. Il étudie l'architecture à l'École polytechnique de Cracovie (1949–50), à l'Institut israélien de Technologie (Technion) de Haïfa (1950–54) dont il sort diplômé en ingénierie et en architecture en 1955. Il étudie également la peinture à l'Académie d'art Avni (Tel-Aviv, 1955–57). Après deux ans de service militaire dans le Corps des ingénieurs de l'armée israélienne, il crée son agence en 1959 et collabore avec Eldar Sharon jusqu'en 1964 et avec Alfred Neumann jusqu'en 1966. Parmi ses réalisations : l'hôtel de ville de Bat-Yam (Israël, 1960–63), le Club Méditerranée d'Ahziv (1961–62), le laboratoire d'aéronautique du campus de Technion (Haïfa, Israël, 1963–66), les logements Ramot (Jérusalem, Israël, 1974–76 et 1981–85) et l'immeuble d'appartements Spiral (Ramat Gan, Israël, 1986–90). Il a récemment réalisé l'école Heinz Galinski à Berlin et le Musée d'histoire Palmach à Tel-Aviv (Israël), ainsi que le quartier résidentiel « Berliner Berge » à Berlin.

01/02 PALMACH MUSEUM OF HISTORY, Tel Aviv, Israel, 1992–98.

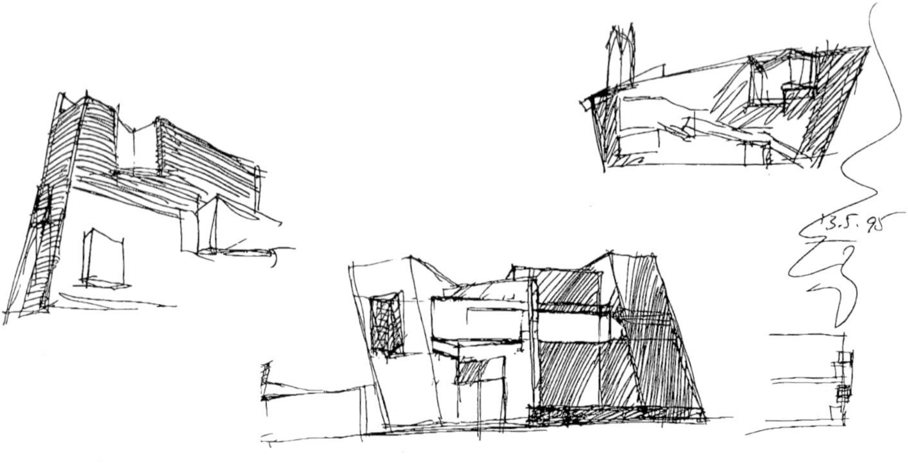

01/02 ►

HERZOG & DE MEURON

Ces architectes suisses ont opté pour une approche qui préserve le caractère massif et industriel de la Tate Modern, tout en aménageant un espace d'exposition ultramoderne de 10 000 m².

Jacques Herzog et Pierre de Meuron sont tous deux nés à Bâle en 1950. Ils sont diplômés en architecture de l'ETH de Zurich (1975) après avoir étudié auprès d'Aldo Rossi et fondent leur agence, Herzog & de Meuron, à Bâle en 1978. Parmi leurs réalisations : le foyer d'étudiants Antipodes I pour l'Université de Bourgogne à Dijon (1991–92), l'usine-entrepôt Ricola Europe à Mulhouse (1993) et une galerie pour une collection privée d'art contemporain à Munich (1991–92). Ils ont notamment été sélectionnés en 1995 pour l'extension de la Tate Modern Gallery de Londres, installée dans l'ancienne centrale électrique de Bankside Power Station, au bord de la Tamise, face à la cathédrale Saint-Paul, dont l'inauguration a eu lieu en juin 2000. Ils comptaient également parmi les architectes retenus pour le concours de la transformation du Museum of Modern Art de New York (1997).

01

02

03

04

01/02 HOUSE, Leymen, France, 1996–97.
03/04 TATE MODERN, London, England, 1998–2000.

STEVEN HOLL

« Cette ouverture en courbe fournit à la fois des éléments de mystère et de surprise, qui n'existent pas lorsque l'espace est agencé selon un modèle orthogonal classique. »

Né en 1947 à Bremerton (Washington), Steven Holl est diplômé en architecture de la University of Washington (1970). Il a également étudié à Rome et à l'Architectural Association de Londres (1976). Il débute sa carrière en Californie et ouvre sa propre agence à New York en 1976. Il a enseigné à la University of Washington, à la Syracuse University et, depuis 1981, à la Columbia University. Parmi ses principales réalisations : l'Hybrid Building (Seaside, Floride, 1984–88), sa participation au concours de la bibliothèque AGB de Berlin (1988), l'immeuble d'habitations Void Space/Hinged Space, Nexus World (Fukuoka, Japon, 1989–91), la Stretto House (Dallas, Texas, 1989–92), l'immeuble d'habitations Makuhari (Chiba, Japon, 1992–97), la chapelle Saint-Ignace de la Seattle University (Seattle, Washington, 1994–97) et le Kiasma Musée d'art contemporain (Helsinki, Finlande, 1993–98). Parmi ses travaux récents : l'extension du Cranbrook Institute of Science (Bloomfield Hills, Michigan, 1996–99). Titulaire de la médaille Alvar Aalto en 1998, Steven Holl a récemment achevé le Bellevue Art Museum (Bellevue, Washington) et travaille actuellement à l'extension et à la rénovation du Nelson Atkins Museum of Art (Kansas City, Missouri). Parmi ses autres travaux en cours : le Knut Hamsun Museum (Hamary, Norvège), un bâtiment destiné à abriter l'École d'art et d'histoire de l'art de la University of Iowa (Iowa City, Iowa) et le College of Architecture de la Cornell University (Ithaca, New York, 2004).

01 Y-HOUSE, Catskills, NY, USA, 1997–99. **02 KIASMA MUSEUM OF CONTEMPORARY ART**, Helsinki, Finland, 1993–98.

KIASMA

DAVID HOVEY

« La structure de l'édifice intègre des matériaux existants et des systèmes issus de toutes les industries plutôt que des composants conçus spécialement pour servir la même fonction. »

Né à Wellington, Nouvelle-Zélande, en 1944, David Hovey suit l'enseignement de l'Illinois Institute of Technology (1967–70) et fait ses débuts comme architecte assistant au département d'art du XXe siècle de l'Art Institute de Chicago (1967–70) avant d'entrer dans l'agence de AS. Takeuchi (1971–74), puis dans celle de C. F. Murphy (1974–78). Il crée son agence actuelle, Optima Inc., en 1978. Parmi ses

01

01/02 **MODULAR STEEL HOUSE**, Glencoe, Illinois, USA, 1998.

réalisations : plusieurs programmes immobiliers à Evanston, Wilmette, Deerfield et Chicago, des immeubles mixtes à Glenview, Wilmette et Highland Park, ainsi que des prototypes de maisons individuelles. David Hovey est professeur associé de conception architecturale à l'Illinois Institute of Technology depuis 1978.

02

ARATA ISOZAKI

« Chaque élément est traité de manière schizophrène, afin que l'ensemble soit cohérent. »

Né à Oita (île de Kyushu) en 1931, Arata Isozaki est diplômé de la faculté d'architecture de l'Université de Tokyo (1954). Il fonde Arata Isozaki & Associates en 1963 après avoir travaillé dans l'agence de Kenzo Tange. Titulaire de la médaille d'or du Royal Institute of British Architects en 1986, il fait partie du jury dans de nombreux concours internationaux dont celui de l'aéroport international de Kansai (1988). Parmi ses réalisations les plus connues : le Musée d'art moderne de Gunma (Japon, 1971–74), le Centre Tsukuba (Tsukuba, Japon, 1978–83), le Museum of Contemporary Art à Los Angeles (1981–86), la Tour d'art Mito (Mito, Japon, 1986–90), l'immeuble Team Disney (Floride, 1990–94), le Center for Japanese Art and Technology de Cracovie (Pologne, 1991–94) et le B-con Plaza (Oita, Japon, 1991–95). Parmi ses projets actuels : le complexe culturel Higashi Shizuoka Plaza et le Center of Science and Industry (COSI) à Columbus, Ohio.

01/02 SHIZUOKA, CONVENTION AND ARTS CENTER "GRANSHIP", Shizuoka, Japan, 1993–98. **03/04 COSI**, Columbus, Ohio, USA, 1994–99.

01

02

03/04

TOYO ITO

« J'en reviens toujours à Le Corbusier. Ce n'est jamais un mouvement conscient. C'est seulement une fois que j'y suis... que je me rends compte de ce que j'ai fait. »

Né en 1941 à Séoul, Corée, Toyo Ito est diplômé de l'Université de Tokyo en 1965, et travaille pour Kiyonori Kikutake jusqu'en 1969. Il crée sa propre agence en 1971, qui prend le nom de Toyo Ito & Associates en 1979. Parmi ses réalisations : la résidence Silver Hut (Tokyo, 1984), la Tour des vents (Yokohama, Kanagawa, 1986), le Musée municipal de Yatsushiro sur l'île de Kyushu (Yatsushiro, Kumamoto, 1989–91), la maison pour personnes âgées (Yatsushiro, 1992–94) et la caserne de pompiers (Yatsushiro, 1992–95). Il participe au concours international d'urbanisme pour le quartier de Luijiazui à Shangai en 1992, et a dessiné un jardin d'enfants municipal à Eckenheim (Francfort-sur-le-Main, Allemagne, 1988–91). Parmi ses projets récents : l'Odate Jukai Dome Park (Odate, Japon, 1995–97), le théâtre lyrique de Nagaoka (Niigata, Japon, 1995–97) et le complexe touristique Ota-ku (Tobu-cho, Chiisagata-gun, Nagano, 1996–98).

01

01 LYRIC HALL, Nagaoka, Niigata, Japan, 1993–96.
02/03 JUKAI DOME PARK, Odate, Japan, 1995–97.

02/03

JAKOB + MACFARLANE

Le sol en aluminium s'élève pour former quatre « grottes célestes » qui abritent la cuisine, les toilettes, le bar et la salle de réception des VIP.

Dominique Jakob est diplômée d'histoire de l'art de l'Université de Paris 1 (1990) et diplômée d'architecture de l'École d'architecture de Paris-Villemin (1991). Elle a enseigné à l'École Spéciale d'Architecture (1998–99) puis à l'École d'architecture de Paris-Villemin (1994–2000). Né en Nouvelle-Zélande, Brendan MacFarlane est diplômé en architecture du Southern California Institute of Architecture (1984) et de la Graduate School of Design de Harvard (1990). Il a enseigné à l'Institut Berlage d'Amsterdam (1996), à la Bartlett School of Architecture de Londres (1996–98) et à l'École Spéciale d'Architecture de Paris (1998–99). Tous deux ont travaillé dans l'agence de Morphosis à Santa Monica. Parmi leurs principaux projets : la Maison T (La Garenne-Colombes, France, 1994–98), le restaurant du Centre Georges Pompidou (Paris, 1999–2000) et la restructuration du Théâtre Maxime Gorki (Le Petit-Quevilly, France, 1999–2000).

01/02 CENTRE GEORGES POMPIDOU RESTAURANT, Paris, France, 1998–2000.

01/02 ►

VINCENT JAMES

Le « type » dont parle cet architecte renvoie à l'utilisation répétée de volumes rectangulaires. Chaque volume est ensuite différencié, d'où le terme « variant ».

Vincent James est titulaire d'un Master of Architecture de l'Université du Wisconsin-Milwaukee (1978). Il travaille chez Hardy Holzman Pfeiffer Associates (1978–80) et chez Chrysalis Corporation (1980–84) avant de fonder Vincent James Associates en 1994. Il reçoit un National AIA Honor Award pour sa Type/Variant House en 1998. Il a réalisé la K. N. Dayton Residence (Minneapolis, Minnesota, 1996–97), le plan directeur du Brooklyn Children's Museum (Brooklyn, New York, 1997–98), le Minneapolis Rowing Club (Minneapolis, Minnesota, 1998) et l'extension et la restructuration de CALA, University of Minnesota, Minneapolis, avec Steven Holl Architects (1998).

01

01-04 TYPE/VARIANT HOUSE, Northern Wisconsin, United States, 1994–97.

02

03

04

REI KAWAKUBO

« Sans changement, rien de nouveau ne peut naître. Un simple ajustement du point de vue peut parfois tout changer radicalement. »

Rei Kawakubo a créé la marque Comme des Garçons en 1969 et fondé Comme des Garçons Co. Ltd à Tokyo en 1973. Elle a ouvert sa boutique parisienne en 1982, puis celle de New York en 1984. Bien qu'elle soit surtout connue comme styliste de mode, elle s'intéresse depuis longtemps au design de mobilier et à l'architecture. Elle a lancé une ligne de meubles Comme des Garçons en 1983. Son magasin principal à Aoyama, Tokyo, qu'elle a récemment rénové en collaboration avec Takao Kawasaki (architecte d'intérieur), Future Systems (architecture, façade), Christian Astuguevieille (directeur artistique, aménagements intérieurs) et Sophie Smallhorn (artiste, aménagements intérieurs), a été inauguré en 1989. Elle est docteur honoraire du Royal College of Art de Londres (1997). La boutique new-yorkaise a été conçue par Rei Kawabuko avec Takao Kawasaki et Future Systems.

01 COMME DES GARÇONS FLAGSHIP STORE, Tokyo, Japan, 1999. **02 COMME DES GARÇONS STORE**, New York, NY, USA, 1999.

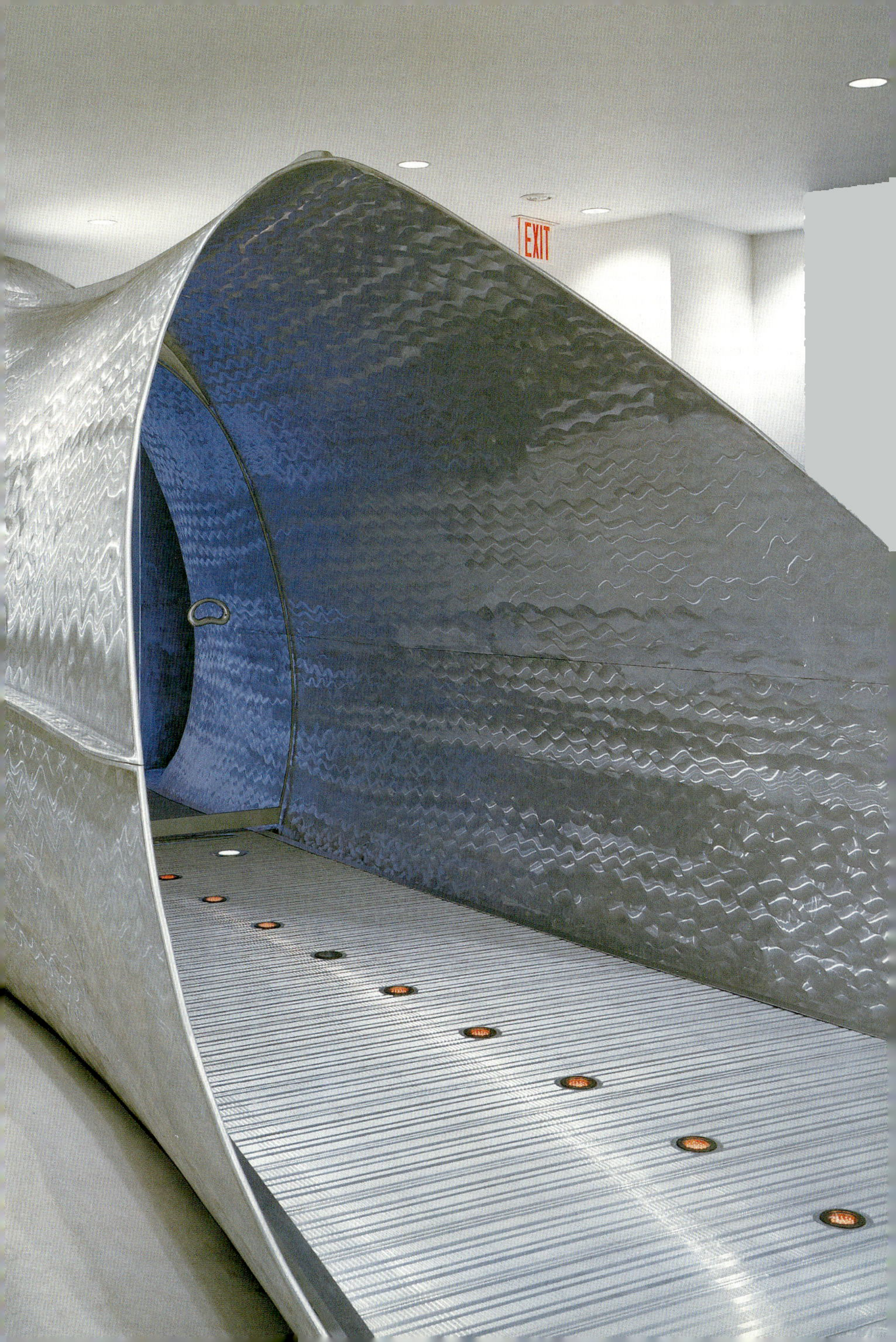
EXIT

KHRAS

« La conception de l'édifice s'inspire des fermes isolées de la région. »

Né en 1947, Jan Søndergaard est diplômé de l'École d'architecture de l'Académie Royale des Beaux-Arts de Copenhague (1979) et du Collège Supérieur de Technologie de la Construction de Copenhague (1972). Il est par ailleurs charpentier diplômé et associé de KHRAS depuis 1988. Cité pour le Prix européen Mies van der Rohe en 1992 et 1994, il a conçu le pavillon danois pour l'Expo '92 de Séville, le siège de Pihl & Son de Lyngby au Danemark, une extension de l'Ambassade royale du Danemark à Moscou et le siège de Bayer Danemark et de Unicon Beton.

01/02 BANG&OLUFSEN HEADQUARTERS, Struer, West Jutland, Denmark, 1996–99.

01

02

WARO KISHI

Bien qu'inspirée par Mies van der Rohe, cette maison doit autant à la tradition japonaise qu'au modernisme européen.

Né à Yokohama en 1950, Waro Kishi est diplômé du département d'électronique de l'Université de Kyoto (1973) et du département d'architecture (1975). Il termine ses études de spécialisation à Kyoto en 1978 et travaille dans l'agence de Masayuki Kurokawa à Tokyo (1978–81) avant de créer Waro Kishi + K. Associates Architects à Kyoto en 1993. Parmi ses réalisations au Japon : le showroom automobile Autolab (Kyoto, 1989), l'Institut de recherche Kyoto-Kagaku (Kizu-cho, Kyoto, 1990), le pont

01-03 HOUSE, Higashi-Osaka, Osaka, Japan, 1995–97.

01

02

Yunokabashi (Ashikita-cho, Kumamoto, 1991), les bureaux Sonobe SD (Sonobe-cho, Funai-gun, Kyoto, 1993), ainsi que de nombreuses résidences privées. Il a récemment achevé le Hall du souvenir (Ube, Yamaguchi, 1997) et deux résidences privées, l'une à Higashi-nada, Kobe (1997), et l'autre à Suzaku (Nara, 1997–98).

03

JOSEF PAUL KLEIHUES

Se qualifiant lui-même de « rationaliste poétique » par contraste avec la définition italienne du rationalisme, Josef Paul Kleihues cherche ce qu'il appelle une « confrontation dialectique avec Alberti, Palladio, Schinkel et tous les grands ».

Né à Rheine (Rhénanie-du-Nord-Westphalie) en 1933, Josef Paul Kleihues est diplômé en architecture de l'Université Technique de Stuttgart et de l'Université Technique de Berlin (1955–59). Il obtient une bourse pour étudier à l'École des Beaux-Arts de Paris (1959–60) et collabore par la suite avec Hans Scharoun. Il fonde son agence à Berlin en 1962. Professeur à l'Université de Dortmund (chaire de théorie et de conception architecturale, 1973–94), il crée les Journées de l'architecture de Dortmund. Il a été directeur de la programmation de la Bauaustellung 1984 de Berlin (1979–84), puis consultant du Sénat de la ville pour le logement et la construction. Parmi ses principales réalisations : le Berlin Cleansing Department, Main Workshop (Berlin-Tempelhof, 1970–78), Block 270 (Berlin, 1975–77), un centre résidentiel et commercial (Neue Stadt Wulfen, 1975–81), un hôpital (Berlin-Neukölln, 1975–86), Haus 7, Block 7 (Berlin, 1988–89), la tour triangulaire Kant-Dreieck (Berlin-Charlottenburg, 1992–94), la gare de Hambourg (Berlin, 1992–96) et le Musée d'art contemporain de Chicago (Illinois, 1992–96). Il fonde Kleihues + Kleihues avec son fils Jan en 1996. Il a récemment travaillé à divers projets sur la Pariser Platz à Berlin. Il a été nommé directeur de la Bauakademie de Berlin en 2001.

01/02 MUSEUM OF CONTEMPORARY ART, Chicago, Illinois, USA, 1992–1996. **03 HAMBURGER BAHNHOF,** Berlin, Germany, 1992–1996.

01

02/03 ►

KOHN PEDERSEN FOX

Situé dans le Samsung Center, le long de la rue principale qui va de South Gate à Seoul City Hall, ce pavillon de verre de 500 m² a été conçu par Kevin Kennon, de chez KPF.

Fondée en 1976, l'agence KPF possède des bureaux à New York, Londres et Tokyo, et travaille dans une trentaine de pays. Comptant 206 collaborateurs, elle est animée par douze associés dont A. Eugene Kohn, FAIA, RIBA, JIA ; William Pedersen, FAIA, FAAR ; Robert L. Cioppa, FAIA ; William Louie, FAIA ; Lee Polisano, AIA, RIBA ; David Leventhal, AIA ; Gregory Clement, AIA ; Paul Katz, AIA ; James von Klemperer, AIA ; Kevin Kennon, AIA ; Michael Greene, AIA, et Peter Schubert, AIA. Parmi ses projets les plus remarqués : le siège de la DG Bank (Francfort-sur-le-Main, Allemagne, 1993), la Banque Mondiale

01/02 RODIN PAVILION, Seoul, South Korea, 1995–97.

01

(Washington DC, 1996), le siège social d'IBM Corporate (Armonk, New York, 1997) et le Shanghai World Financial Center (Shangai, 2004). Né en 1958, Kevin Kennon, responsable du Pavillon Rodin a étudié à la Princeton University et au Amherst College. L'attention portée aux enjeux de la transparence que l'on observe dans le projet Rodin se retrouve dans d'autres réalisations comme le siège de Sotheby's à New York, celui de Morgan Stanley au Rockefeller Center, New York, et dans le nouveau prototype de magasin pour Bloomingdale's à San Francisco.

REM KOOLHAAS

« Et si nous déclarions simplement qu'il n'y a pas de crise ? Et si nous redéfinissions notre relation à la ville, non pas comme ses artisans, mais comme ses humbles sujets, ses partisans ? »

Né à La Haye en 1944, Rem Koolhaas est journaliste au *Haagse Post* et scénariste avant d'étudier l'architecture à l'Architectural Association de Londres. Il crée l'Office for Metropolitan Architecture (OMA) à Londres en 1975, et se fait connaître grâce à son ouvrage *Delirious New York* (1978). Il a construit un ensemble d'appartements pour Nexus World (Fukuoka, Japon, 1991) et la Villa dall'Ava (Saint-Cloud, 1985–91). Nommé architecte en chef du projet Euralille à Lille en 1988, il a également travaillé sur le projet de la nouvelle bibliothèque universitaire de Jussieu à Paris. Son livre de 1 400 pages *S,M,L,XL* (Monacelli Press, 1995) a fait de lui un auteur influent. Parmi ses réalisations récentes : une maison à Bordeaux (1998), des studios de cinéma en Californie et le Campus Center de l'Illinois Institute of Technology, ainsi que le Guggenheim Las Vegas et la récente boutique Prada du quartier de Soho à New York.

01

01-03 EDUCATORIUM, UNIVERSITY OF UTRECHT, Utrecht, The Netherlands, 1995–97.

02/03

KENGO KUMA

L'objectif de ce projet était de replacer le Théâtre Nô dans son environnement d'origine, c'est-à-dire dans un cadre en plein air.

Né en 1954 à Kanagawa, Japon, Kengo Kuma obtient son Master of Architecture à l'Université de Tokyo en 1979. En 1985–86, il reçoit une bourse de l'Asian Cultural Council et devient chercheur invité à la Columbia University. En 1987, il crée le Spatial Design Studio et, en 1991, Kengo Kuma & Associates. Parmi ses réalisations : le Showroom Gunma Toyota (Maebashi, 1989), le complexe balnéaire Maiton (Phuket, Thaïlande), les immeubles de bureaux Rustic et Doric (Tokyo) et le siège du nouveau département de design de Mazda (Tokyo), tous en 1991 ; le Club House du Kinjo Golf Club (Okayama, 1992), l'observatoire Kiro-san (Ehime, 1994), le pavillon d'invités Atami pour Bandai Corp. (Atami, 1992–95), l'hôtel de vacances Karuizawa (Karuizawa, 1993), le Club House du Tomiota Lakewood Golf Club (Tomioka, 1993–96), le Théâtre Nô de Toyama (Miyagi, 1995–96) et le pavillon japonais pour la Biennale d'architecture de Venise (1995). Il a récemment achevé le Musée de la pierre (Nasu, Tochigi) et le Musée d'Ando Hiroshige (Batou, Nasu-gun, Tochigi).

01

01-03 NOH STAGE IN THE FOREST, Toyama CITY, Toyama, Japan, 1996.

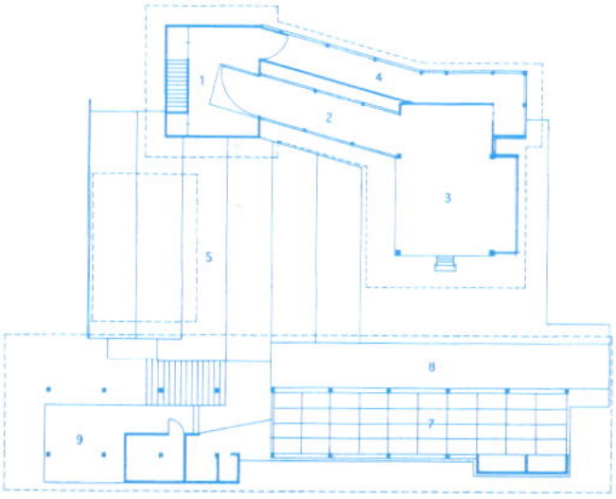

LAMOTT ARCHITEKTEN

« Les endroits où l'ancien mur extérieur a été perforé sont comme des blessures. »

Ansgar Lamott est né en 1958 à Landau, en Rhénanie-Palatinat. Il étudie l'architecture à l'Université de Stuttgart (1978–85) et pratique dès 1985. Membre du groupe Ostend 106 jusqu'en 1996, il enseigne à l'Université de Stuttgart (1994–96) et au collège universitaire de Biberach. Il crée son agence en association avec Caterina Lamott en 1996. Caterina Lamott (née Karakitsou) est née en 1956 à Athènes. Elle étudie à l'Université de Stuttgart dont elle est architecte diplômée en 1981. Elle est également membre du groupe Ostend 106 jusqu'en 1996. En Allemagne, l'agence a réalisé une école primaire à Hardthausen-Gochsen (1997), une bibliothèque publique à Landau (1996–98), une salle de sport à Herxheim (1999), un centre paroissial catholique à Völklingen, dans la Sarre (2000), et une école de musique à Fellbach (2000).

01-03 PUBLIC LIBRARY, Landau, Germany, 1996–98.

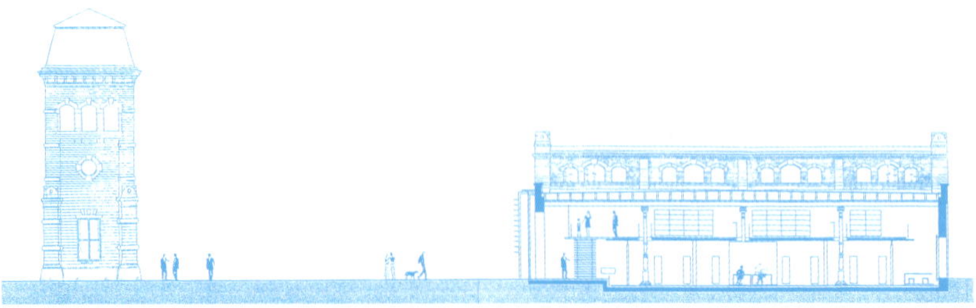

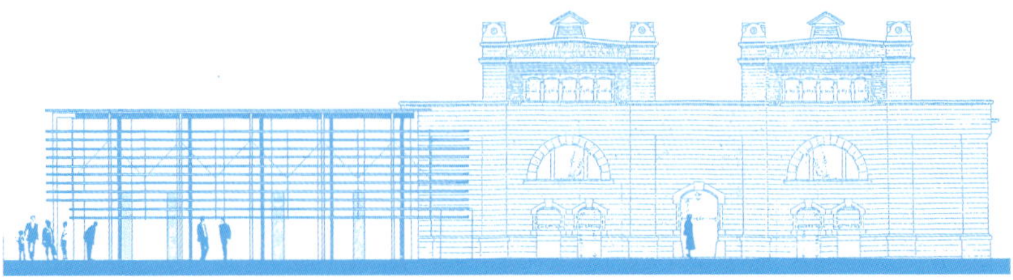

01

02/03

MAYA LIN

« Comme un diamant brut, lorsque vous l'entaillez, il révèle une âme intérieure plus polie. »

Maya Lin suit les cours du Yale College et de la Yale School of Architecture, dont elle sort diplômée en 1986. Elle crée son agence, Maya Lin Studio, à New York la même année. Elle a alors déjà signé ce qui reste son œuvre la plus connue, le Vietnam Veteran's Memorial sur le Mall de Washington (1981). Parmi ses autres œuvres relevant de la sculpture : le Civil Rights Memorial (Montgomery, Alabama, 1989) et la sculpture de plein air *Groundswell* au Wexner Center for the Arts (Columbus, Ohio, 1993). Avant de réaliser la Langston Hughes Library et la Norton Residence, elle a achevé les plans du Museum of African Art de New York (avec David Hotson, 1993), de la Weber Residence (Williamstown, Massachusetts, 1994) et de l'Asia/Pacific/American Studies Department (New York University, New York, 1997). Elle travaille actuellement à la construction d'une chapelle pour le Children's Defense Fund à Clinton, Tennessee.

01/02 LANGSTON HUGHES LIBRARY, Knoxville, Tennessee, USA, 1997–99.

01/02 ►

DANIEL LIBESKIND

« C'est la responsabilité de l'architecture et de la culture que de répondre aux événements et à l'histoire. »

Né en Pologne en 1946, et aujourd'hui citoyen américain, Daniel Libeskind étudie la musique en Israël et à New York avant de s'orienter vers l'architecture à la Cooper Union, New York. Il a enseigné à Harvard, Yale, Hanovre, Graz, Hambourg et Los Angeles. Il est notamment l'auteur du Musée juif de Berlin, extension du Musée de Berlin (1992–99), et de nombreux projets comme l'extension du Victoria & Albert Museum de Londres et de la Salle philharmonique de Brême, primée en 1995. Comme Zaha Hadid, Daniel Libeskind a exercé une influence considérable à travers ses théories et ses écrits plus qu'à travers ses réalisations en nombre limité. Le Felix Nussbaum Museum d'Osnabrück, Allemagne, est en fait l'une de ses premières œuvres achevées. Il travaille actuellement à un projet pour l'Imperial War Museum et pour le Shoah Center de Manchester, Angleterre, pour le Musée juif de San Francisco, Californie, et pour le collège d'administration publique de l'Université JVG de Guadalajara, Mexique.

01

01 FELIX NUSSBAUM MUSEUM, Osnabrück, Germany, 1996–98.
02/03 JEWISH MUSEUM, Berlin, Germany, 1989–99.

02/03

FUMIHIKO MAKI

Hillside Terrace témoigne non seulement du talent d'architecte de Fumihiko Maki, mais également de son aptitude à apporter des éléments de compréhension de la vie urbaine en plein cœur de la complexité de la ville tentaculaire de Tokyo.

Né à Tokyo en 1928, Fumihiko Maki est diplômé de l'Université de Tokyo (1952), de la Cranbrook Academy of Art (1953) et de la Graduate School of Design de Harvard (1954). Il travaille pour Skidmore, Owings and Merrill à New York (1954–55), puis pour Sert Jackson and Associates à Cambridge, Massachusetts (1955–58), avant de créer sa propre agence, Maki and Associates, à Tokyo en 1965. Parmi ses réalisations les plus connues : le gymnase municipal de Fujisawa (Kanagawa, 1984), Spiral (Minato-ku, Tokyo, 1985), le Musée national d'art moderne (Sakyo-ku, Kyoto, 1986), Tepia (Minato-ku, Tokyo, 1989), le Nippon Convention Center Makuhari Messe (Chiba, 1989), le gymnase métropolitain de Shibuya (Tokyo, 1990) et le Center for the Arts à Yerba Buena Gardens (San Francisco, Californie, 1993). Parmi ses projets récents : le Nippon Convention Center Makuhari Messe, phase II (Chiba, 1997), et les Hillside West Buildings (1998) qui font partie de son projet en cours Hillside Terrace.

01 HILLSIDE WEST, Tokyo, Japan, 1996–98. **02 MAKUHARI MESSE**, Phase II, Nakase, Chiba, Japan, 1996–97.

P
9-19
60分
パーキング・チケット

MECANOO

« La nouvelle bibliothèque est un édifice de verre et d'herbe. Elle possède un toit en herbe qui est incliné par rapport au sol, comme une feuille de papier relevée à un coin. »

Erick van Egeraat, Henk Döll, Chris de Weijer et Francine Houben ont créé Mecanoo Architects à Delft en 1983. Henk Döll et Chris de Weijer sont nés en 1956, et Francine Houben en 1955. Tous les trois ont étudié à l'Université Technique de Delft dont ils sont sortis diplômés en 1983 et 1984. Leurs recherches comprennent de grands programmes de logements comme le Herdenkingsplein à Maastricht (1990–92) et d'autres projets de moindre envergure comme le Pavillon Boompjes (1990), structure en porte-à-faux qui donne sur le port de Rotterdam, près du nouveau pont Érasme, ou une résidence privée à Rotterdam (1989–91). On retrouve dans leurs projets un recours à des matériaux inattendus (comme dans la maison de Rotterdam où le bambou et l'acier cohabitent avec le béton) ou à certains déséquilibres apparents (comme dans le Pavillon Bommpjes). Erick van Egeraat a quitté Mecanoo en 1995 avec 17 autres membres de l'agence. Parmi les projets actuels aux Pays-Bas : une bibliothèque de 9 300 m², une école de musique et un musée à Canadaplein, Alkmaar (1997–2000), et un bureau pour une association se consacrant au logement (Site Woondiensten, Doetinchem, 1998–2000).

01-03 CENTRAL LIBRARY, Delft Technical University, Delft, the Netherlands, 1993–98.

01

02/03

RICHARD MEIER

« Je pense que nous vivons dans une culture mondiale. Les identités culturelles des pays n'ont plus la même signification que par le passé. »

Né à Newark (New Jersey) en 1934, Richard Meier étudie l'architecture à la Cornell University et travaille dans l'agence de Marcel Breuer (1960–63) avant de s'installer à son compte en 1963. Il remporte le Prix Pritzker en 1984 et la Royal Gold Medal en 1988. Parmi ses principales réalisations : The Athenaeum (New Harmony, Indiana, 1975–79), le Musée des Arts Décoratifs de Francfort-sur-le-Main (1979–1984), le High Museum of Art (Atlanta, Géorgie, 1980–83), le siège de Canal+ à Paris (1988–91), l'hôtel de ville et la bibliothèque de La Haye (1990–95), le Musée d'Art Contemporain de Barcelone (1988–95), le Getty Center de Los Angeles (Californie, 1984–97). Il a récemment achevé un tribunal fédéral et un immeuble de l'administration fédérale à Phoenix (Arizona, 1995–2000).

01

02

03

01-03 NEUGEBAUER HOUSE, Naples, Florida, USA, 1995–98.

RAFAEL MONEO

L'auditorium et le centre culturel sont comme « deux rochers géants échoués à l'embouchure de la rivière qui font partie du paysage, et non de la ville ».

Rafael Moneo naît à Tuleda, province de Navarre, Espagne, en 1937. Il est diplômé de l'Escuela Tecnica Superior de Arquitectura de Madrid en 1961. En 1962, il part au Danemark pour travailler avec Jørn Utzon. Il enseigne beaucoup, y compris aux ETSA de Madrid et de Barcelone. Il est président du département d'architecture de la Graduate School of Design de Harvard de 1985 à 1990. Parmi ses réalisations récentes : le Musée national d'art romain (Mérida, Espagne, 1980–86), le terminal de l'aéroport de San Pablo (Séville, 1989–91) édifié pour l'Expo '92, la gare d'Atocha (Madrid, 1991), la Fondation Miró (Palma de Majorque, 1987–92), les aménagements intérieurs de la Collection Thyssen-Bornemisza à Madrid (1992), le Davis Museum du Wellesley College (Wellesley, Massachusetts, 1993), un hôtel et un immeuble de bureaux sur la Potsdamer Platz (Berlin, 1993–98) et des salles de concert à Barcelone (1999) et Saint-Sébastien.

01

01-03 KURSAAL AUDITORIUM AND CULTURAL CENTER, San Sebastián, Guipuzcoa, Spain, 1990–99.

02/03

TOSHIKO MORI

La *Woven Inhabitation* est « non seulement un moyen de créer un abri contemporain, mais également un modèle standard pour les constructions d'aujourd'hui ».

Toshiko Mori a étudié à la Cooper Union School of Art and School of Architecture (1970–76) et obtenu un Honorary Master of Architecture à la Graduate School of Design de Harvard en 1996. Elle est actuellement professeur à Harvard. Elle a travaillé sur de nombreux projets de magasins dont Comme des Garçons (New York, 1998) et Kyoto Arts and Fashions (New York, 1989), ainsi que pour des sièges sociaux de sociétés comme Sony Research Laboratories (New York, 1996) ou Nigel French International (New York, 1991). Avec Gwenael Nicolas, elle a achevé la nouvelle boutique Issey Miyake Pleats Please dans le quartier de Soho à New York.

01/02 WOVEN INHABITATION, New York, NY, USA, 1999.

01

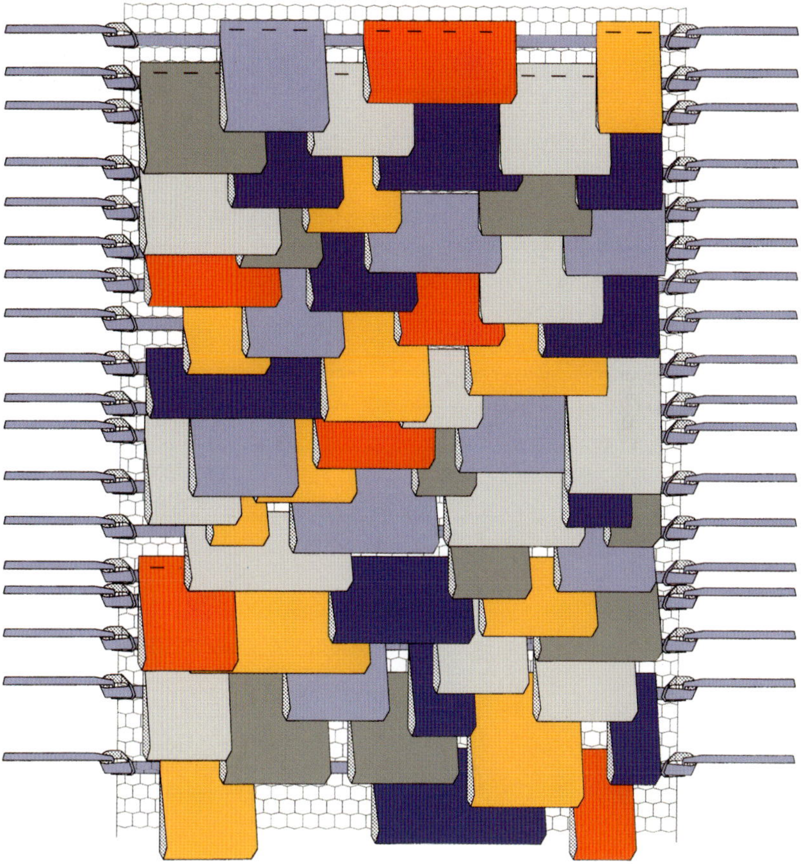

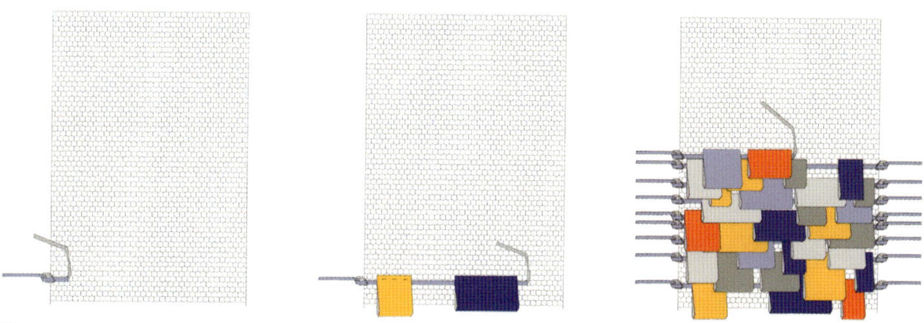

MORPHOSIS

« Le business de l'architecture est au service des clients. Il vous suffit de sortir dans la rue et de regarder ce qui intéresse la clientèle d'aujourd'hui. La véritable architecture est exactement à l'opposé de cela. »

Associé principal de Morphosis, Thom Mayne, né dans le Connecticut en 1944 est diplômé en architecture de la University of Southern California (1968) et de Harvard (1978). Il fonde Morphosis en 1979 avec Michael Rotondi, qui a depuis créé sa propre agence, RoTo. Il a enseigné à Los Angeles, Harvard, Yale et au SCI-Arc, dont il est l'un des fondateurs. Morphosis est basé à Santa Monica, en Californie. Parmi ses principales réalisations : la Lawrence House (1981), le Kate Mantilini Restaurant (Beverly Hills, Californie, 1986) et le Cedar's Sinai Comprehensive Cancer Care Center (Beverly Hills, Californie, 1987), la Crawford Residence (Montecito, Californie, 1987–92), le Yuzen Vintage Car Museum (West Hollywood, Californie, 1992) ainsi que la Blades Residence (Santa Barbara, Californie, 1992–97) et l'International Elementary School (Long Beach, Californie, 1997–99). Parmi ses projets actuels : le futur Children's Museum de Los Angeles, symbole de la ville et facteur clé de son rajeunissement. Par ailleurs, Morphosis travaille sur plusieurs projets d'envergure pour le secteur public comme un tribunal fédéral à Eugene (Oregon), le siège social de G. S. A. à San Francisco et le NOAA Satellite Control Center à Washington DC.

01-05 INTERNATIONAL ELEMENTARY SCHOOL, Long Beach, California, USA, 1995–98.

01

02/03/04/05

ERIC OWEN MOSS

« Si l'architecture pouvait inclure des oppositions, de sorte que l'édifice lui-même en tant qu'aspiration reflète le mouvement ou le mouvement des idées, elle aurait peut-être davantage de pérennité. »

Né en 1943 à Los Angeles, Eric Owen Moss est diplômé en architecture de l'UCLA (1965) et titulaire de deux masters, l'un de la University of California at Berkeley (1968) et l'autre de Harvard (1972). Il enseigne la conception architecturale au Southern California Institute of Architecture depuis 1974. Il fonde sa propre agence à Culver City, Californie, en 1976. Parmi ses réalisations : le Central Housing Office, University of California at Irvine (Irvine, 1986–89), la Lindblade Tower (1987–89), la Paramount Laundry (1987–89), le Gary Group (1988–90), The Box (1990–94), l'I. R. S. Building (1993–94) et le Samitaur (1994–96), toutes à Culver City. Il travaille actuellement sur un projet de tours de grande hauteur à Los Angeles, sur une résidence à Hollywood et sur de nouvelles réalisations à Culver City.

01-04 THE UMBRELLA, Culver City, California, USA, 1998–99.

01

02/03/04

GLENN MURCUTT

Le centre, aux sols et aux murs en béton, possède un toit fait de bois recyclé et d'acier sous une tôle de couverture ondulée et galvanisée.

Glenn Murcutt naît à Londres en 1936 de parents australiens. Il étudie au Sydney Technical College de l'Université de Nouvelle-Galles du Sud et travaille chez Levido & Baker (1956), Neville Gruzman (1958–59) et Allen & Jack (1962) avant de fonder sa propre agence. Il a enseigné à l'Université de Nouvelle-Galles du Sud et a beaucoup voyagé en Europe et aux États-Unis. Parmi ses réalisations : de nombreuses maisons privées dont la Magney House (Bingi Point, Nouvelle-Galles du Sud, 1982–84), la Meagher House (Bowral, Nouvelle-Galles du Sud) et la Marika-Alderton House (Yirrkala, est de la Terre d'Arnhem, Territoire-du-Nord, 1991–94), ainsi que le Musée d'histoire locale et l'office du tourisme de Kempsey (Nouvelle-Galles du Sud, 1979–82, 1986–88) et le restaurant Berowra Waters à Sydney (1977–78, 1982–83).

01

01-03 THE ARTHUR AND YVONNE BOYD EDUCATION CENTRE, West Cambewarra, New South Wales, Australia, 1995–98.

MVRDV

Les toits inclinés recouverts d'herbe, que ces architectes appellent une « formation géologique faite des différents étages », sont reliés entre eux par des rampes, l'ensemble formant un espace homogène et continu.

En 1991, Winy Maas, Jacob van Rijs et Nathalie de Vries fondent l'agence MVRDV dont le sigle se compose des initiales de leurs noms. Né en 1959, Winy Maas, comme ses deux autres associés (nés en 1964, l'une à Appingedam, l'autre à Amsterdam), étudient à l'Université Polytechnique de Delft. Winy Maas et Jacob van Rijs ont travaillé pour l'Office for Metropolitan Architecture (OMA). Jacob van Rijs et Nathalie de Vries ont travaillé pour l'agence de Ben van Berkel avant de créer MVRDV. Outre la Villa VPRO, ils ont réalisé l'immeuble RVU à Hilversum (1994–97), la Double House à Utrecht (1995–97) et WoZoCo's, 100 logements pour personnes âgées (Amsterdam-Osdorp, 1997). Ils ont également travaillé sur des projets de rénovation urbaine comme leur « Shadow City Bergen op Zoom » (1993) ou le plan directeur de l'aéroport Parklane à Eindhoven, aux Pays-Bas. La Villa VPRO n'est pas sans évoquer un projet de 1993 concernant la construction d'une église à Barendrecht pour laquelle il était déjà question de formes « pliées ».

01/02 METACITY/DATATOWN, 1998–.
03/04 VILLA VPRO, Hilversum, the Netherlands, 1993–97.

03/04 ►

01

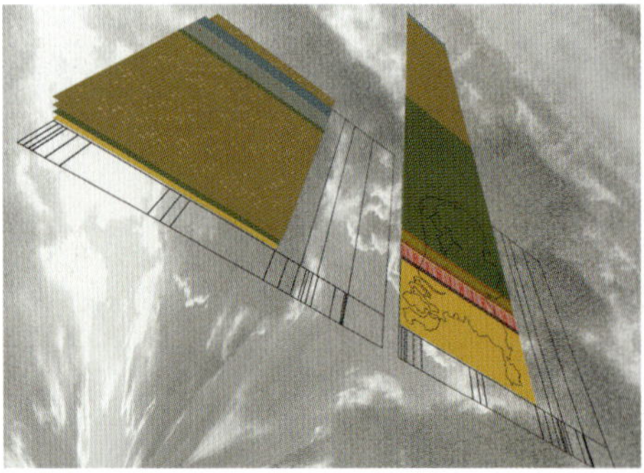

02

TAKEHIKO NAGAKURA

« Le travail d'investigation et l'expérience de la pratique virtuelle sont un moyen extrêmement efficace pour former et éduquer un architecte. »

Takehiko Nagakura est un architecte originaire de Tokyo. Il étudie la conception architecturale auprès du professeur Fumihiko Maki à l'Université de Tokyo et obtient une bourse de la Fondation mémoriale Ishikaza (1985–87) pour son Master of Architecture de la Graduate School of Design de Harvard. Il est actuellement professeur assistant de conception et d'informatique au département d'architecture du Massachusetts Institute of Technology. Actif au Japon, il travaille sur des projets

01 MONUMENT TO THE THIRD INTERNATIONAl, Petrograd, Soviet Union, 1919/1998.
02 PALACE OF THE SOVIETS, Moscow, Soviet Union, 1931/98.

01

à Tokyo et Okinawa. Son récent projet pour le Centre de l'orchidée Gushikawa, actuellement en chantier à Okinawa, a été sélectionné pour le prix de la revue SD (1998). En compagnie du chercheur Kent Larson, il dirige le projet Unbuilt dans le cadre duquel son équipe se propose de visualiser par des moyens informatiques d'importants projets modernistes jamais réalisés.

02

NEUTELINGS RIEDIJK

De grandes lettres formant le nom Minnaert remplacent les colonnes sur une partie de l'élévation sud, ce qui rend l'édifice immédiatement reconnaissable.

Né en 1959 à Bergen op Zoom, Pays-Bas, Willem Jan Neutelings étudie à l'Université Technique de Delft (1977–86) avant de travailler pour l'Office for Metropolitan Architecture auprès de Rem Koolhaas. Il a enseigné à l'Académie d'architecture de Rotterdam et à l'Institut Berlage d'Amsterdam (1990–99). Michiel Riedijk est né à Geldrop, Pays-Bas, en 1964. Il étudie à l'Université Technique de Delft (1983–89) avant de travailler avec J. D. Bekkering à Amsterdam. Il a enseigné à l'Université Technique de Delft et d'Eindhoven, ainsi qu'aux Académies d'architecture d'Amsterdam, de Rotterdam et de Maastricht. Parmi leurs réalisations : le complexe résidentiel de Prinsenhoek (Sittard, 1992–95), un immeuble d'appartements à Tilburg (1993–96), les logements sociaux de Hollainhof (Gand, Belgique, 1993–98), l'immeuble résidentiel Borneo Sporenburg (Amsterdam, 1994–97), les logements de Lakeshore, phase I (Hulzen, 1994–96), et l'immeuble de Veenman Printers (Ede, 1995–97).

01

01-03 MINNAERT BUILDING, Utrecht, Netherlands, 1994–97.

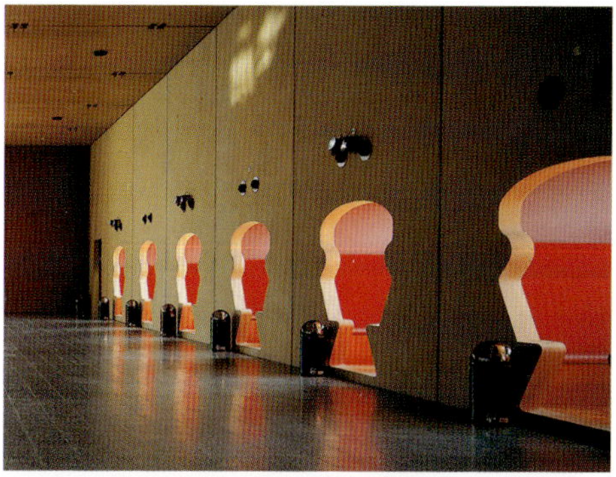

02/03

JEAN NOUVEL

En collaboration avec le célèbre architecte paysagiste Gilles Clément et l'éclairagiste Yann Kersalé, Jean Nouvel a aménagé un jardin de 7 500 m² sur un terrain de 2,5 hectares.

Né en 1945 à Sarlat, France, Jean Nouvel entre à l'École des Beaux-Arts de Bordeaux en 1964. En 1970, il crée sa première agence en compagnie de François Seigneur. Son premier projet internationalement remarqué est l'Institut du Monde Arabe à Paris, (1981–87, avec Architecture Studio). Parmi ses autres réalisations : les immeubles d'appartements Nemausus (Nîmes, 1985–87), les bureaux de l'agence de publicité CLM/BBDO (Issy-les-Moulineaux, 1988–92), l'Opéra de Lyon (1986–93), le palais des congrès Vinci (Tours, 1989–93), le centre commercial Euralille (Lille, 1991–94), la Fondation Cartier (Paris, 1991–95) et les Galeries Lafayette (Berlin, 1992–96). Parmi ses projets non réalisés : « La Tour sans fin » haute de 400 m (La Défense, Paris, 1989), le Grand Stade de la Coupe du monde de football 1998 (Paris, 1994) et la tour de Tenaga Nasional (Kuala Lumpur, Malaisie, 1995). Son grand projet le plus récent est le Centre de Congrès et de Musique de Lucerne (Suisse, 1998–2000). En 1999, il a remporté les concours du Musée du quai Branly (Paris) et celui du réaménagement du Centre de la reine Sophie (Madrid). Actuellement, il travaille aux plans du Standard Hotel de Soho (New York) et à ceux d'un immeuble pour l'agence de publicité Dentsu (Tokyo).

01

02

01/02 CULTURE AND CONGRESS CENTER, Lucerne, Switzerland, 1992–99.
03 MUSÉE DU QUAI BRANLY, Paris, France, 2001–04.

03

NOX

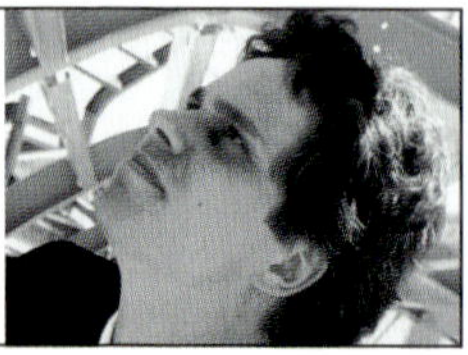

« L'édifice est conçu comme un système dynamique au sein duquel il existe une interaction par ordinateur permanente entre les utilisateurs, l'environnement et le bâtiment. »

NOX est une entreprise coopérative créée par Lars Spuybroek, né en 1959 à Rotterdam, et Maurice Nio. Tous deux ont étudié à l'Université Technique de Delft. Leurs travaux leur ont valu plusieurs prix – Archiprix (1989), Mart Stam Incentive Prize (1992) – et ont bénéficié de nombreuses bourses (Enterprise Start-up Grants 1989 et 1992, bourses de voyages 1992 et 1994, bourses de travail 1994). Parmi leurs réalisations : la Foam Home, projet de logement pour le quartier KAN, près de Nimègue (1997), OffTheRoad/103.8 MHz, projet de logements et de barrière phonique (Eindhoven, 1998), et le V_2 Engine, façade proposée pour la V_2 Organization (Rotterdam, 1997–98).

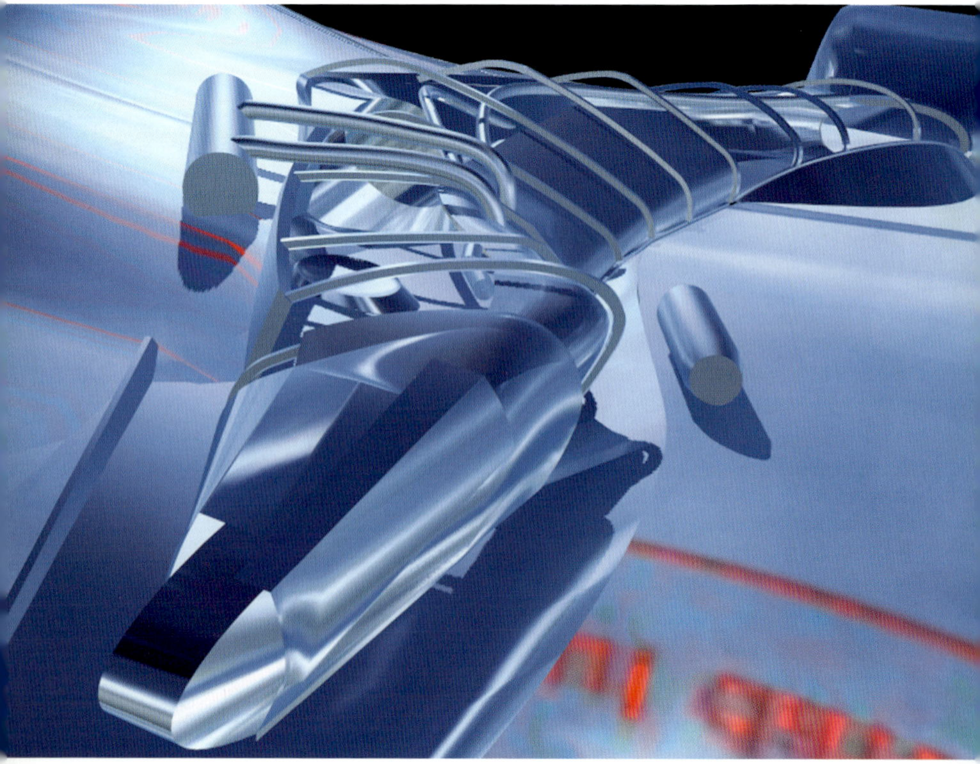

01

01/02 WATER PAVILION H_2O EXPO, Neeltje Jans, the Netherlands, 1994–97.

Parallèlement à NOX-Architects, ils ont lancé NOX-Magazine. Parmi leurs autres activités : la traduction de livres en néerlandais (*Les Stratégies fatales* et *Amérique* de Jean Baudrillard), la production de vidéos (*Belaagde Landen*, Walvisspiegel, NOX' Soft City, Day-Glo LA) et des installations (Armed Response, Den Bosch ; Heavenly Bodies, Eindhoven). Lars Spuybroek et Maurice Nio donnent régulièrement des conférences à l'Académie Rietveld d'Amsterdam, à l'Université Technique de Delft et aux académies d'architecture de Tilburg, d'Arnhem et d'Amsterdam. Lars Spuybroek est également rédacteur en chef du journal *Forum*.

02

IEOH MING PEI

« La géométrie a rapidement fait partie de mon travail car, aux États-Unis, les villes sont aménagées selon un schéma géométrique. La géométrie est une discipline, et j'ai été très discipliné. »

Né en 1917 à Canton, Chine, Ieoh Ming Pei s'installe aux États-Unis en 1935. Il est diplômé en architecture du M.I.T. (1940) et de Harvard (1942 et 1946). Il fonde I. M. Pei & Associates en 1955. Il remporte la Médaille d'or de l'AIA (1979), le Prix Pritzker (1983) et le Prix Praemium Imperiale au Japon en 1989. Parmi ses réalisations les plus célèbres : le Centre national pour la recherche atmosphérique (Boulder, Colorado, 1961–67), 50 tours de contrôle pour la Federal Aviation Agency, réparties sur le territoire américain (1962–70), la bibliothèque John F. Kennedy à Boston (Massachusetts, 1965–79), l'East Building de la National Gallery of Art de Washington (1968–78), la tour de la Banque de Chine (Hong-Kong, 1982–89), la Pyramide du Louvre à Paris (Grand Louvre, 1983–93), le Rock and Roll Hall of Fame (Cleveland, Ohio, 1993–95) et le musée Miho (Shigaraki, Shiga, Japon, 1992–97). Il a travaillé en collaboration avec ses fils (Pei Partnership) sur le récent projet du siège de la Banque de Chine (Pékin, 1999–2001). Parmi ses projets actuels : un musée d'art moderne au Luxembourg et un musée d'art islamique à Doha, Qatar.

01-03 MIHO MUSEUM, Shigaraki, Shiga, Japan 1992–1997.

01

02/03 ►

DOMINIQUE PERRAULT

Cherchant manifestement à éviter le symbolisme qui accompagna les Jeux olympiques de 1936, Dominique Perrault opte pour une discrétion minimaliste, un forage dans la terre en rupture avec les conceptions modernistes.

Dominique Perrault naît en 1953 à Clermont-Ferrand. Il est diplômé en architecture de l'École des Beaux-Arts de Paris (UP 6) en 1978 et diplômé en urbanisme de l'École nationale des Ponts et Chaussées de Paris (1979). Il crée son agence en 1981 à Paris. Parmi ses réalisations : l'École Supérieure d'Ingénieurs en Électronique et Électrotechnique (ESIEE, Marne-la-Vallée, 1984–87), l'hôtel industriel Jean-Baptiste Berlier (Paris, 1986–90), l'hôtel du département de la Meuse (Bar-le-Duc, France, 1988–94), la Bibliothèque Nationale de France (Paris, 1989–94) qui est son œuvre la plus connue, le vélodrome et la piscine olympiques de Berlin (1992–98) et une étude urbanistique de fond sur la ville de Bordeaux (1992–2000).

01-03 OLYMPIC SWIMMING POOL, Berlin, Germany, 1992–99.

01

02/03 ►

RENZO PIANO

« Nous sous-estimons souvent les éléments immatériels de l'espace… le son, une certaine vibration, la lumière… Je crois que la lumière, c'est l'espace. »

Né en 1937 à Gênes, Italie, Renzo Piano fait ses études à l'Université de Florence et à l'Institut Polytechnique de Milan (1964). Il crée son agence (Studio Piano) en 1965, puis s'associe à Richard Rogers (Piano & Rogers, 1971–78). Ils réalisent le Centre Pompidou en 1977. De 1978 à 1980, Renzo Piano travaille avec Peter Rice (Piano & Rice Associates). Il remporte la Médaille d'or du RIBA en 1989 et le Prix Pritzker en 1998. Le Renzo Piano Building Workshop est fondé en 1981 à Gênes et Paris. Parmi ses réalisations : le Menil Collection Museum (Houston, Texas, 1981–86), le stade San Nicola (Bari, Italie, 1987–90), l'extension de l'IRCAM (Paris, 1989), la rénovation de l'ensemble du Lingotto (Turin, 1989), le Mercedes-Benz Center (Stuttgart, 1992–96) et le terminal de l'aéroport international de Kansai (Osaka, Japon, 1988–94). Plus récemment, il a conçu la Cité Internationale de Lyon (1985–96), le centre culturel Jean-Marie Tjibaou (Nouvelle-Calédonie, 1994–98), ainsi que des projets près de la Potsdamer Platz à Berlin, le New Metropolis Science Center à Amsterdam et la Fondation Beyeler à Bâle.

01/02 DEBIS TOWER, Berlin, Germany, 1993–99.
03 JEAN-MARIE TJIBAOU CULTURAL CENTER, Nouméa, New Caledonia, 1992–98.

01

02

03

POLSHEK PARTNERSHIP

L'architecte a proposé de détruire le Hayden Planetarium et de repartir à zéro.

James Stewart Polshek naît à Akron, Ohio, en 1930. Il suit les cours de la Case Western Reserve University (Cleveland, Ohio) dont il est diplômé en 1951. Il obtient son Master of Architecture à Yale (1955) et crée sa propre agence à New York en 1963. Parmi ses réalisations : la rénovation du Carnegie Hall de New York, le Center for the Arts Theater à Yerba Buena Gardens (San Francisco, 1993), un immeuble administratif à Chambéry-le-Haut (France, 1994), le Skirball Institute for Biomolecular Medicine and Residence Tower du New York University Medical Center (1993), le Seamen's Church Institute du South Street Seaport Historic District (New York, 1991), ainsi que la rénovation et l'extension du Brooklyn Museum of Art (New York). Plus récemment, il a réalisé avec Todd H. Schliemann le Rose Center for Earth and Space, American Museum of Natural History (1997–2000), la rénovation du Cooper Hewitt National Design Museum et le Manhattan Supreme Court Criminal Courts Building à New York, et le National Museum of the American Indian Cultural Resources Center à Suitland, Maryland. James Stewart Polshek a été doyen de la Graduate School of Architecture, Columbia University, New York (1972–87), poste dont Bernard Tschumi a pris la succession.

01/02 ROSE CENTER FOR EARTH AND SPACE, Frederick Phineas and Sandra Priest Rose Center for Earth and Space, American Museum of Natural History, New York, NY, USA, 1997–2000.

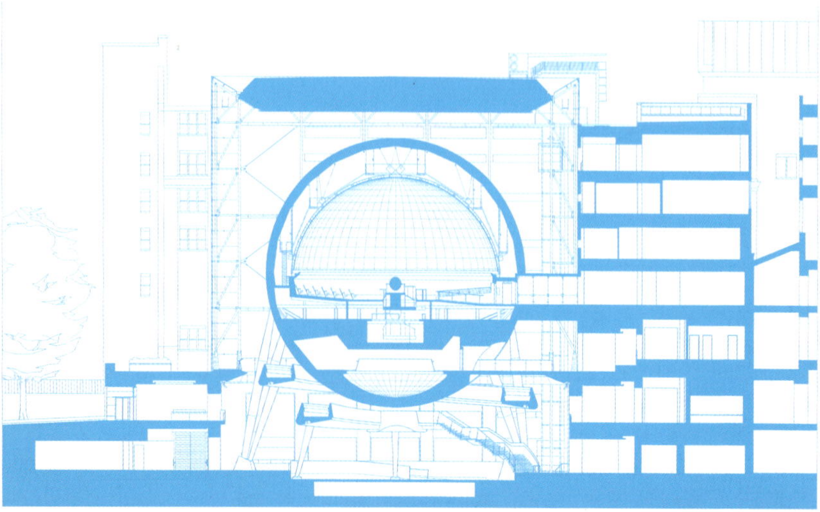

01/02 ►

CHRISTIAN DE PORTZAMPARC

D'après le *New York Times*, Christian de Portzamparc « a réinventé l'art déco » avec cette tour.

Né à Casablanca en 1944, Christian de Portzamparc étudie à l'École des Beaux-Arts de Paris (1962–69). Parmi ses réalisations : un château d'eau (Marne-la-Vallée, 1971–74), l'immeuble de logements économiques Les Hautes Formes (Paris, 1975–79), la Cité de la Musique (Paris, 1985–95), la tour du Crédit Lyonnais (Euralille, Lille, 1992–95), au-dessus de la gare de Lille-Europe, un immeuble d'appartements, Nexus World (Fukuoka, Japon, 1989–91), l'extension du Musée Bourdelle (Paris, 1988–92) et un immeuble résidentiel dans la ZAC de Bercy (Paris, 1991–94). Il obtient le Prix Pritzker en 1994. Il a récemment réalisé la tour LVMH, 57th Street, à New York (1996–99), l'extension du Palais des Congrès Porte Maillot (Paris, 1996–99), une tour pour la Bandai Toy Company à Tokyo, le Palais de justice de Grasse, une nouvelle salle de concert au Luxembourg et l'ambassade de France à Berlin, qui devrait être achevée en 2003.

01/02 LVMH TOWER, New York, NY, USA, 1995–99.

01/02 ►

FedEx

ELISABETH DE PORTZAMPARC

Pour ce restaurant, elle a non seulement aménagé l'espace, mais elle a également imaginé le mobilier.

Née au Brésil, Elisabeth de Portzamparc est active dans les domaines de l'architecture et du design à Paris depuis 1975, date de son étude sur le développement de la zone d'Élancourt-Maurepas à Saint-Quentin-en-Yvelines. Elle a dirigé l'atelier d'urbanisme de la ville d'Antony de 1977 à 1980. De 1988 à 1992, elle a créé et animé la galerie de design Mostra à Paris. Elle a conçu les aménagements intérieurs du Palais de justice de Grasse (1996–99) et l'intérieur de la future ambassade de France à Berlin (avec Christian de Portzamparc). Elle a été sélectionnée pour les arrêts de la nouvelle ligne de tramway de Bordeaux, les aménagements intérieurs et le mobilier de De Munt (salle de cinéma multiplex à Amsterdam) et ceux du Musée de la Bretagne à Rennes. Elle a réalisé la boutique Espionne au Palais des Congrès de Paris (1999), le Café de la Musique, également à Paris (1995), ainsi que de nombreux appartements.

01/02 LES GRANDES MARCHES RESTAURANT, Paris, France, 2000.

02 ►

01

RICHARD ROGERS

Le plus grand toit du monde ; suffisamment grand pour abriter Trafalgar Square, cent fois la taille de la ville de Stonehenge, etc., etc.

Né à Florence en 1933 de parents britanniques, Richard Rogers étudie à l'Architectural Association de Londres (1954–59). Diplômé d'architecture de la Yale University School of Architecture en 1962, il fonde une agence avec son épouse Su Rogers, Norman et Wendy Foster (Team 4, Londres, 1964–66), puis avec Renzo Piano à Londres, Paris et Gênes (1971–77). Il crée Richard Rogers Partnership à Londres en 1977. Il a enseigné à Yale et a été président du Conseil d'administration de la Tate Gallery de Londres (1981–89). Parmi ses principales réalisations : le Centre Georges Pompidou à Paris (avec Renzo Piano, 1971–77), le siège des Lloyd's of London (Londres, 1978–86), le siège de la chaîne de télévision Channel 4 (Londres, 1990–94), l'immeuble de bureaux de Daimler Benz sur la Potsdamer Platz (Berlin, 1993–99) et le Palais de justice de Bordeaux (1993–98).

01

01 LAW COURTS, Bordeaux, France, 1993–98.
02/03 MILLENNIUM DOME, London, England, 1996–99.

02/03

ROTO

« Les concepts architecturaux ont été élaborés à partir des termes collaboration, systèmes et structures dynamiques, et processus de transformation. »

Né en 1949 à Los Angeles, Michael Rotondi est diplômé en architecture du Southern California Institute of Architecture (SCI-Arc, 1973). Il travaille avec DMJM à Los Angeles (1973–76) et collabore avec Peter de Bretteville et Craig Hodgetts de 1974 à 1976. Il a été directeur de la Graduate Design Faculty au SCI-Arc de 1976 à 1987. Associé de Morphosis avec Thom Mayne (1980–92), il est directeur du SCI-Arc depuis 1987. Il fonde son agence, RoTo, avec Clark Stevens en 1993. Ce dernier est diplômé en architecture de Harvard (1989) et est entré chez Morphosis en 1987. Parmi les récents projets de RoTo : CLDT 1,2 (Cedar Lodge Terrace, Silverlake), la Teiger House (Somerset County, New Jersey, 1991–96), un club de golf (préfecture de Chiba, Japon, 1988–92), la Sun Tower (Séoul, Corée, 1995–97), la résidence Los Gatos (Los Gatos, Californie), le Liberty Wildlife Center (Scottsdale, Arizona) et l'Ontario Educational Village (Ontario, Californie).

01-03 TEIGER HOUSE, Somerset Country, New Jersey, 1990–1995.

01

02/03 ►

MIKE RUNDELL AND DAMIEN HIRST

« L'art, c'est la vie, et ça l'a toujours été. Le monde de l'art, c'est l'argent, et ça l'a toujours été. » ***D. Hirst***

L'agence Mike Rundell & Associates a été créée en 1993 pour réaliser les projets architecturaux de Mike Rundell, surtout connu comme sculpteur et artiste d'installations. Celui-ci est né en 1958 à Londres et a étudié à Oxford (1976–79) et à la Camberwell School of Art (1986–89). Il a réalisé vingt projets au cours de ces trois dernières années, de l'appartement de Tchaïkovski à Saint-Pétersbourg à une chaîne d'hôtels. Damien Hirst, né à Bristol en 1965, est l'un des plus célèbres représentants du mouvement appelé « Young British Art ». Il vit et travaille dans le Devon. Récompensé par le Turner Prize 1995 pour une œuvre controversée intitulée *Mother and Child, Divided*, il a souvent mis l'accent sur ce qu'il nomme « le pouvoir curatif de l'art ». Ses « spot paintings » d'aspect « pharmaceutique » expliquent le thème de ce restaurant conçu en collaboration avec Mike Rundell.

01-04 PHARMACY RESTAURANT, London, England, 1997–98.

03/04 ►

01

02

SCHMIDT, HAMMER & LASSEN

Les ondulations des murs renvoient à l'homme, au corps et au monde intérieur de l'âme.

Né en 1955, Morten Schmidt est codirecteur de l'agence SHL et chargé des projets internationaux. Il est diplômé de l'École d'architecture de Århus (1982). Bjarne Hammer, né en 1956 et également codirecteur, est chargé des projets pour l'État danois, les municipalités et les entreprises de service. Il est diplômé de l'École d'architecture de Århus (1982). John Lassen, né en 1953, a fait ses études au même endroit (diplômé en 1983) et il est responsable des projets de logement. Le quatrième codirecteur est Kim Holst Jensen, né en 1964. Parmi leurs projets en cours : le nouveau siège de Carlsberg, le nouveau siège de Andersen Consulting, près du port de Copenhague, et 900 appartements pour NCC Polska à Varsovie, actuellement en construction.

01/02 EXTENSION OF THE ROYAL LIBRARY OF DENMARK, Copenhagen, Denmark, 1993–99.

01

02

AXEL SCHULTES AND CHARLOTTE FRANK

« Un endroit paisible qui allège ce qui est lourd et laisse place à ce qui est léger. »

Né à Dresde en 1943, Axel Schultes sort diplômé de l'Université Technique de Berlin en 1969. Il travaille ensuite en association avec Dietrich Bangert, Bernd Jansen et Stefan Scholz de 1974 à 1991 (BJSS), avec lesquels il construit le Kunstmuseum de Bonn. Il fonde sa propre agence en 1992 et participe aux concours du Reichstag et de la boucle de la Spree (Spreebogen) en 1993, ainsi qu'à de nombreux autres concours dont celui pour la Bibliothèque d'Alexandrie en 1989 ou de la Potsdamer Platz de Berlin en 1991. Son projet pour la boucle de la Spree, qui lui vaut de remporter le concours, a été mis au point en collaboration avec son associée depuis 1992, Charlotte Frank, née à Kiel en 1959. Parmi ses réalisations : le Büropark am Welfenplatz (Hanovre, 1993). Parmi ses projets récents : des immeubles de bureaux sur la Leipziger Platz à Berlin et le crématorium de Baumschulenweg, également à Berlin.

01/02 BAUMSCHULENWEG CREMATORIUM, Berlin, Germany, 1992–98.

01/02

SCHWEGER + PARTNER

Le ZKM Institute for Visual Media « se conçoit comme un forum pour l'analyse critique et créative d'une culture média en perpétuelle évolution ».

Né en 1935 à Medias, Roumanie, Peter Schweger suit les cours de l'Université Technique de Budapest, de l'Université de Zurich et de l'ETH de Zurich, dont il est diplômé en 1959. De 1959 à 1962, il anime une agence à Vienne. Il a été chercheur pour la A. Körber-Stiftung, Hambourg (1960), puis professeur invité à l'Institut de Design et d'Architecture de l'Université Technique de Hanovre (1968–69). Il crée l'agence Graaf + Schweger en 1968 (devenue Architekten Schweger + Partner

01/02 ZKM CENTER FOR ART AND MEDIA TECHNOLOGY, Karlsruhe, Germany, 1993–97.

01

en 1987). Il a été professeur à l'Institut de Design et d'Architecture de l'Université Technique de Hanovre (1972). Parmi ses réalisations récentes : la Poseidon-Haus, immeuble de bureaux (Hambourg, 1990–95), le siège de la Deutscher Industrie- und Handelstag (Berlin, 1994–97) et le Centre d'art et de technologie des médias (Karlsruhe, Allemagne, 1993–97).

02

ALVARO SIZA

« L'universalité n'est pas la neutralité ; ce n'est pas l'espéranto de l'expression architecturale, c'est la capacité à créer à partir des racines. »

Né à Matosinhos, Portugal, en 1933, Alvaro Siza étudie à l'École d'architecture de l'Université de Porto (1949–55). Il crée sa propre agence en 1954, puis collabore avec Fernando Tavora de 1955 à 1958. Il est professeur de construction à l'Université de Porto depuis 1976. Il obtient le Prix Mies van der Rohe de la Communauté Européenne en 1988 et le Prix Pritzker en 1992. Il a réalisé un grand nombre de projets de petites dimensions au Portugal et, plus récemment, il a travaillé à la restructuration du quartier du Chiado, à Lisbonne (1989–). Parmi ses autres réalisations récentes : le centre de météorologie de Barcelone (Espagne, 1989–92), l'usine de meubles Vitra à Weil-am-Rhein (Allemagne, 1991–94), l'École d'architecture de Porto, Université de Porto (1986–95), la bibliothèque de l'Université d'Aveiro (Portugal, 1988–95). Parmi ses derniers projets : le pavillon portugais pour l'Expo '98 de Lisbonne et la Fondation Serralves (Porto, 1998).

01 SERRALVES FOUNDATION, Porto, Portugal, 1991–99.
02/03 PORTUGUESE PAVILION EXPO '98, Lisbon, Portugal, 1996–98.

01

02/03

SKIDMORE, OWINGS & MERRILL

Imaginé avant le 11 septembre 2001, le projet 7 South Dearborn aurait donné naissance à l'édifice le plus haut du monde, avec 108 étages et une hauteur de 473 m.

Fondée en 1936, l'agence SOM a construit dans plus de 50 pays. Installée à Chicago, New York, Miami, San Francisco, Los Angeles, Londres et Hong-Kong, c'est l'une des plus grandes agences du monde. Elle possède une expérience considérable dans les immeubles de grande hauteur depuis la construction de la célèbre tour Lever House de Park Avenue (New York, 1954), des tours Sears et John Hancock à Chicago et de la Tour Jin Mao à Shanghai. L'associé responsable de la conception du projet 7 South Dearborn est Adrian Smith qui a rejoint SOM en 1969. Récemment, il a travaillé sur le projet de la Tour Jin Mao, ainsi que sur un certain nombre d'autres gratte-ciel. William Baker est associé en charge de l'ingénierie civile et structurelle, Raymond Clark est chargé de l'ingéniérie mécanique et électrique, tandis que Richard Tomlinson est chef de projet.

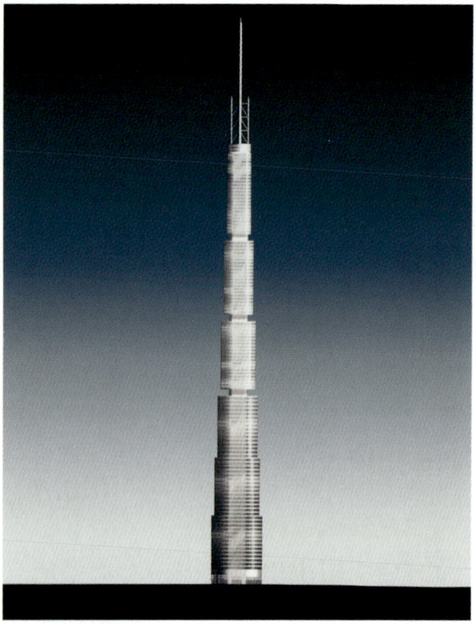

01/02 ►

01/02 7 SOUTH DEARBORN, Chicago, Illinois, USA, 2000–03.

EDUARDO SOUTO MOURA

L'objectif était de créer une galerie d'exposition et un auditorium à l'intérieur d'une spirale dont les rampes d'accès conduisent à un parking.

Né à Porto, Portugal, en 1952, Eduardo Souto Moura est diplômé de l'École d'architecture de Porto (ESBAP, 1980). Il a été professeur assistant à la faculté d'architecture de Porto (FAUP) de 1981 à 1991. Après avoir travaillé auprès d'Alvaro Siza de 1974 à 1979, il a fondé sa propre agence en 1980. Parmi ses réalisations récentes : une succession de maisons rua Lugarinho (Porto, 1996), la rénovation du marché municipal de Braga (1997), le centre commercial de Silo Norte, une maison et un chais (Valladolid, Espagne, 1999) et le projet du pavillon portugais pour l'Expo 2000 de Hanovre (avec Alvaro Siza, 1999). Il travaille actuellement à la reconversion de l'immeuble de la Carvoeira da Foz (Porto) et à un projet de stade à Braga.

01-03 SILO NORTE SHOPPING, Matosinhos, Portugal, 1998.

01

02

03

THOMAS SPIEGELHALTER

« Je pense que le clivage traditionnel entre art et architecture est relativement obsolète et empêche la communication entre les différents médias. »

Thomas Spiegelhalter est né à Freiburg en 1959. Il y travaille d'abord comme « sculpteur, architecte et concepteur en communication ». En 1977, il reçoit une bourse pour étudier la sculpture. Il obtient des diplômes de sculpture, de communication visuelle en 3D et d'architecture à Brême, Flensburg et Berlin (Hochschule der Künste). Il a enseigné l'architecture et les arts visuels à Kaiserslautern et à la Technische Hochschule de Leipzig. Parmie ses réalisations : un certain nombre de travaux de sculpture, parfois liés à son intérêt pour les gravières de la région de Freiburg. Depuis 1989, il travaille à la conception d'habitations écologiques.

01/02 EXPERIMENTAL HOUSING, Freiburg, Germany, 1996–97.

01/02 ▸

PHILIPPE STARCK

« Nous devons remplacer la beauté, qui est un concept culturel, par la bonté, qui est un concept humaniste. »

Né à Paris en 1949, Philippe Starck suit les cours de l'École Nissim de Camondo. Il est surtout connu comme designer d'objets (sièges, luminaires, etc.), mais s'est toujours intéressé à l'architecture. Parmi ses projets d'architecture et d'aménagements intérieurs : le café Costes (Paris, 1984), le Royalton Hotel (New York, 1988), l'usine de coutellerie Laguiole, le Paramount Hotel (New York, 1990), l'immeuble Nani Nani (Tokyo, 1989), l'immeuble de la brasserie Asahi (Tokyo, 1989), le restaurant Teatriz (Madrid, 1990) et l'immeuble Baron Vert (Osaka, Japon, 1990). Il est intervenu sur un certain nombre d'hôtels avec Ian Schrager, dont le récent Saint Martin's Lane Hotel et le Sanderson Hotel, tous deux situés à Londres.

01-03 TASCHEN PARIS BOOKSHOP, Paris, France, 2001.
2, Rue de Buci, F–75006 Paris

02/03 ►

01

ALEXANDER
CALDER

SHIN TAKAMATSU

Le musée dispose de trois plans d'eau destinés à refléter le mont Daisen tout proche. Shin Takamatsu associe ces reflets à l'acte de « faire entrer le paysage dans l'architecture ».

Né dans la préfecture de Shimane en 1948, Shin Takamatsu est diplômé de l'Université de Kyoto (1971) et de la Graduate School de la même institution (1979). Il crée sa propre agence à Kyoto en 1975. Il a enseigné à l'Université Technique de Kyoto et à l'Université des Arts d'Osaka. Profitant largement de l'essor immobilier des années 80 au Japon, il réalise un grand nombre de projets dont

01/02 SHOJI UEDA MUSEUM OF PHOTOGRAPHY, Kishimoto, Tottori, Japan, 1993–95.

01

Origin I, II et III (Kamigyo, Kyoto, 1980–86), le Kirin Plaza Osaka (Chuo, Osaka, 1985–87) et Syntax (Sakyo-ku, Kyoto, 1988–90). Dans son style actuel, moins mécaniste que par le passé, il a réalisé le siège de Kirin (Chuo-ku, Tokyo, 1993–95), le Musée de la photographie Shoji Ueda (Kishimoto-cho, Tottori, 1993–95) et le terminal du port de Nagasaki (Motofune-cho, Nagasaki, 1994–95).

02

YOSHIO TANIGUCHI

« Les principaux édifices que j'ai conçus... sont le résultat de la combinaison de figures simples mais contradictoires, à savoir des formes centripètes et centrifuges, ainsi que l'espace et la masse. »

Né à Tokyo en 1937, Yoshio Taniguchi est diplômé d'ingénierie mécanique de l'Université Keio (1960) et diplômé en architecture de la Graduate School of Design de Harvard (1964). Il travaille dans l'agence de Kenzo Tange de 1964 à 1972 avant de créer Taniguchi, Takamiya and Associates en 1975, puis Taniguchi and Associates en 1979. Parmi ses réalisations au Japon : le parc marin de Tokyo (1989), le Musée d'art contemporain Genichiro-Inokuma et la bibliothèque municipale de Marugame (1991), le Musée d'art municipal Toyota (Toyota City, 1995), le Centre d'accueil des visiteurs du parc de Kasai Rinkai (Tokyo, 1995) et la galerie des Trésors Horyuji du Musée national de Tokyo (1997).

01

01-03 TOKYO NATIONAL MUSEUM, GALLERY OF HORYUJI TREASURES,
Tokyo, Japan, 1994–99.

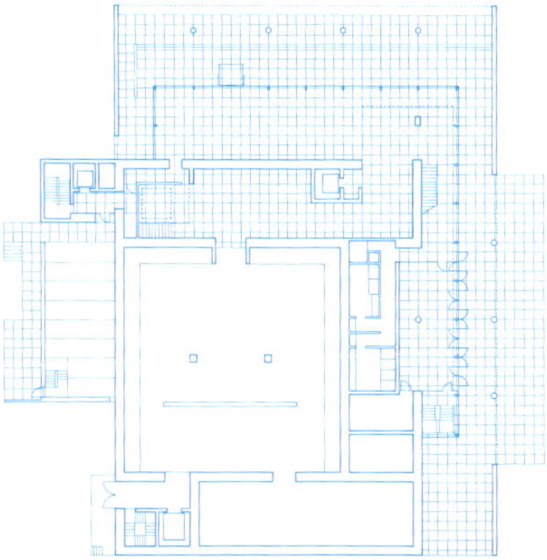

TEN ARQUITECTOS

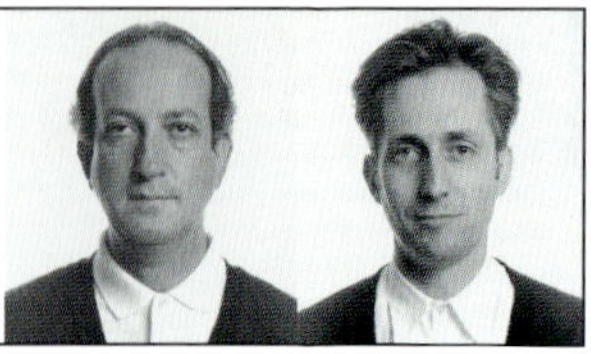

« Chez Ten, la superposition permanente du réfléchi et du spontané... vise à la réalisation, en termes élémentaires d'architecture, d'un paradoxe de vie nouveau et nuancé. » *Lebbeus Woods*

Né à Mexico en 1954, Enrique Norten est architecte diplômé de la Universidad Iberoamericana (1978). Il obtient un Master of Architecture à la Cornell University en 1980. Après avoir été associé à Albin y Norten Arquitectos (1981–85), il crée Ten Arquitectos en 1986. Bernardo Gómez-Pimienta naît à Bruxelles en 1961. Il étudie à la Universidad Anahuac de Mexico et à la Columbia University. Il est associé de Ten Arquitectos depuis 1987. Parmi leurs réalisations au Mexique : un centre culturel (Lindavista, 1987–92), l'École Nationale de Théâtre (Churubusco, 1993), un restaurant pour travailleurs (San Angel, 1993). Parmi leurs projets récents : la Maison Le (Mexico, 1995) et le Musée des Sciences de Mexico (1997).

01-03 TELEVISA SERVICES BUILDING, Mexico City, Mexico, 1993–95.

01

02

03

BERNARD TSCHUMI

« L'essentiel, c'est d'être conscient des problèmes théoriques et de travailler à partir d'un projet, en cherchant à établir des connexions avec les grandes idées de notre temps. »

Né à Lausanne, Suisse, en 1944, Bernard Tschumi étudie à Paris et à l'ETH de Zurich. Il enseigne à l'Architectural Association de Londres (1970–79) et à Princeton (1976–1980). Il est doyen de la Graduate School of Architecture, Planning and Preservation de la Columbia University, New York, depuis 1984. Il a ouvert son agence, Bernard Tschumi Architects, en 1981 (Paris et New York). Parmi ses principaux projets : le Parc de la Villette (Paris, 1982–95), le second prix du concours pour l'aéroport international de Kansai (1988), la Video Gallery (Groningue, Pays-Bas, 1990), le Centre National pour les Arts Contemporains du Fresnoy (Tourcoing, France, 1991–97), le Lerner Student Center, Columbia University (New York, 1994–98), et l'École d'Architecture de Marne-la-Vallée (1994–98), ainsi que la gare ferroviaire Interface Flon à Lausanne, Suisse.

01/02 LERNER HALL STUDENT CENTER, Columbia University, New York, NY, USA, 1994–99.
03/04 SCHOOL OF ARCHITECTURE, Marne-la-Vallée, France, 1994–99.

01

02

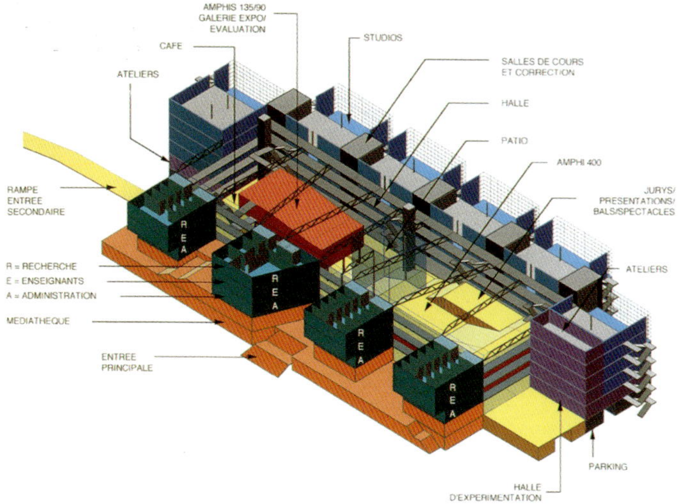
AMPHIS 135/90
GALERIE EXPO/
EVALUATION
CAFE
STUDIOS
SALLES DE COURS
ET CORRECTION
ATELIERS
HALLE
PATIO
AMPHI 400
RAMPE
ENTREE
SECONDAIRE
JURYS/
PRESENTATIONS/
BALS/SPECTACLES
R = RECHERCHE
E = ENSEIGNANTS
A = ADMINISTRATION
ATELIERS
MEDIATHEQUE
ENTREE
PRINCIPALE
PARKING
HALLE
D'EXPERIMENTATION

UN STUDIO

Dans ce que Ben van Berkel appelle un « pont pour un endroit ordinaire », trois plates-formes s'ouvrent et se ferment en totale asynchronie, « imitant le mouvement de doigts qui jouent ensemble ».

Ben van Berkel naît à Utrecht en 1957 et étudie à la Rietveld Academie d'Amsterdam et à l'Architectural Association (AA) de Londres, dont il sort diplômé avec les honneurs en 1987. Après avoir brièvement travaillé pour Santiago Calatrava en 1988, il ouvre son agence à Amsterdam en association avec Caroline Bos. En 1998, ils créent UN Studio, filiale qui réunit un réseau de spécialistes en architecture, développement urbain et infrastructures. Ben van Berkel a été professeur invité à la Columbia University, New York, critique invité à Harvard en 1994 et Unit Master pour le diplôme à l'AA en 1994–95. En dehors du pont Érasme à Rotterdam (inauguré en 1996), Van Berkel & Bos Architectural Bureau a construit les immeubles de bureaux Karbouw et ACOM (1989–93), le poste d'électricité REMU (1989–93), le tout à Amersfoort, ainsi que des logements et l'Aedes East Gallery de Kristin Feireiss à Berlin. Parmi leurs projets les plus récents : la maison Möbius (Naarden, 1993–98), le musée Het Valkhof (Nimègue), l'extension du Rijksmuseum Twente (Enschede, Pays-Bas, 1992–96), un complexe consacré à la musique (Graz, Autriche, 1998–2002), et une gare d'interconnexion (Innsbruck, Autriche, 1998–2001). Ben van Berkel et Caroline Bos ont récemment remporté le concours pour l'extension et la rénovation du Wadsworth Atheneum Museum of Art.

01 MÖBIUS HOUSE, 't Gooi, The Netherlands, 1993–97.
02 BASCULE BRIDGE AND BRIDGEMASTER'S HOUSE, Purmerend, Netherlands, 1995–98.

01/02 ►

MAKOTO SEI WATANABE

La structure d'acier à un étage forme une avancée sur la rivière avoisinante. L'architecte a également créé un jardin technologique qu'il appelle « Edge of Water ».

Né en 1952 à Yokohama, Makoto Sei Watanabe a étudié à l'Université nationale de Yokohama dont il sort diplômé en 1976. En 1979, il travaille pour Arata Isozaki & Associates, et en 1984, il crée l'agence Makoto Sei Watanabe/Architects' Office. Sa première réalisation est le Collège technique d'Aoyama, construit dans le quartier Shibuya-ku de Tokyo en 1989, qui a attiré sur lui l'attention internationale par ses formes spectaculaires inspirées de la bande dessinée. Parmi ses autres réalisations : Chronospace (Minato-ku, Tokyo, 1991), la galerie Mura-no-Terrace, un bureau d'information et un café à Sakauchi Village (Ibi-gun, Gifu, 1995), Fiber Wave, art environnemental (Gifu et Tokyo, 1995–96), Atlas, ensemble de logements à Suginami-ku (Tokyo, 1996), le K Museum (Koto-ku, Tokyo, 1996), Fiber Wave, art environnemental, Chicago Athenaeum (Chicago, 1998) et la station de métro d'Iidabashi (Tokyo, 1999–2000).

01/02 MURA-NO TERRACE, Ibi-gun, Gifu, Japan, 1994–95.

01/02 ►

WILLIAMS AND TSIEN

Cette maison avait pour but d'exaucer le souhait du client en quête « d'une sérénité paisible, d'une ouverture sur le paysage et d'une impression d'espace sans monumentalité ».

Né à Detroit en 1943, Tod Williams est Bachelor of Arts en 1965, Master of Fine Arts en 1967, Princeton University. Après six ans d'exercice comme architecte associé dans l'agence de Richard Meier, il crée son agence à New York en 1974. Il enseigne pendant plus de 15 ans à la Cooper Union, ainsi qu'à Harvard, à Yale, à l'Université de Virginie et au Southern California Institute of Architecture (SCI-Arc). Il est récompensé par le Prix de Rome en 1983. Billie Tsien est née à Ithaca, New York, en 1949. Elle est Bachelor of Arts, Yale, et Master of Architecture, UCLA, 1977. Elle a été peintre et graphiste de 1971 à 1975. Elle a enseigné à la Parsons School of Design, au SCI-Arc, à Harvard et à Yale. Parmi leurs réalisations : le Feinberg Hall (Princeton, New Jersey, 1986), New College, Université de Virginie (Charlottesville, Virginie, 1992), l'extension et la rénovation du Museum of Fine Arts de Phoenix (Arizona, 1996). Parmi leurs projets récents : un centre aquatique pour les Cranbrook Schools (Michigan), le Museum of American Folk Art de New York et le Student Art Center de l'Université de Johns Hopkins (Baltimore, Maryland).

01

02

03/04

01/02 NEW YORK CITY HOUSE, New York, New York, United States, 1995–97.
03/04 RIFKIND HOUSE, Georgica Pond, Long Island, New York, USA, 1997–98.

JEAN-MICHEL WILMOTTE

Située dans le quartier de Pyung Chang Dong à Seoul, cette structure de 2 000 m² abrite une salle d'exposition, une cafétéria, une librairie, une salle de conférence, un théâtre de plein air et un jardin sculpté.

Né en 1948, diplômé de l'École Nissim de Camondo à Paris, Jean-Michel Wilmotte a créé sa propre agence, Governor, en 1975. Bien qu'il soit surtout connu pour ses projets d'architecture intérieure, dont une partie des appartements privés du Palais de l'Élysée, il rejoint l'Ordre des Architectes en 1993. Parmi ses réalisations récentes : l'architecture extérieure et intérieure du département des Arts décoratifs du Musée du Louvre, aile Richelieu (1989–93), et le Musée de la Mode de Marseille. En tant qu'architecte, il a récemment achevé le chantier de l'immeuble de l'International Executive Office et de l'immeuble New N°3 Arai, à Tokyo, tout en travaillant à la conception du mobilier de la Banque de Luxembourg, signée Arquitectonica (1994).

01-06 GANA ART CENTER, Seoul, South Korea, 1996–98.

01

02

03/04/05/06

KEN YEANG

L'élément le plus impressionnant de l'édifice est son toit de tissu gonflé en forme d'aile d'une superficie de 2 500 m².

Né en 1948 à Penang, Malaisie, Ken Yeang a étudié à l'Architectural Association de Londres (1966–71) et à la Cambridge University (Wolfson College, 1971–75). La plupart de ses travaux reposent sur sa thèse de doctorat traitant de l'architecture écologique. Parmi ses réalisations (avec Tengku Robert Hamzah, agence TR Hamzah & Yeang, créée à Kuala Lumpur en 1976) : la tour MBF à Penang (1990–93), la tour Menara Mesiniaga, Prix Aga Khan 1995 (1989–92), une tour à Ho Chi Minh-Ville, Viêtnam (1992–94), la tour Tokyo-Nara, Japon (1997) et l'immeuble Menara UMNO à Penang (1998). Il est l'auteur de plusieurs livres dont *The Architecture of Malaysia* (Pepin Press, 1992, Kuala Lumpur) et *The Skyscraper, Bioclimatically Considered: A Design Primer* (AD, 1997, Londres). Ken Yeang a été président de l'Institut malais des architectes de 1983 à 1986.

01-04 GUTHRIE PAVILION, Shah Alam, Selangor, Malaysia, 1995–98.

01

02

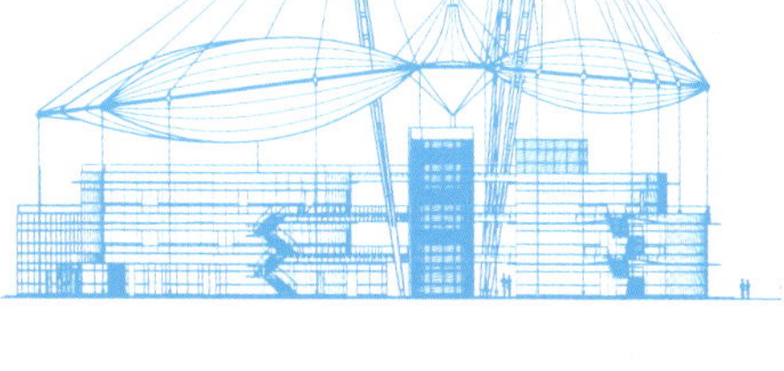

03/04

SHOEI YOH

Cette tour d'observation de 30 x 32 x 32 m a été « conçue comme un musée en plein ciel consacré à la beauté de la terre et de l'univers ».

Né en 1940 à Kumamoto, Shoei Yoh est diplômé en économie de l'Université Keio Gijuku de Tokyo (1962), et il a étudié les beaux-arts et les arts appliqués à la Wittenberg University de Springfield, Ohio (1964). Architecte autodidacte, il ouvre l'agence Shoei Yoh + Architects à Fukuoka en 1970, appréciée localement pour ses créations de design industriel et d'architecture intérieure. Sa Stainless-Steel House with Light Lattice (Nagasaki, 1980) a été largement publiée. Des réalisations plus récentes comme sa maison Kanada pour l'éducation des enfants (Tagawa, Fukuoka, 1994) et son Centre communautaire Uchino pour personnes âgées et enfants (Kaho, Fukuoka, 1995) témoignent de son penchant pour les formes spectaculaires qui s'inspirent, dans leur sens de l'espace ou dans certaines techniques, des traditions japonaises. Shoei Yoh est professeur d'architecture et d'urbanisme à la Graduate School de l'Université Keio.

01/02 PROSPECTA '92 TOYAMA OBSERVATORY TOWER, Kosugi, Toyama, Japan, 1990–92.

01/02 ►

CREDITS *CRÉDITS*

10 left, 11 © Shigeo Ogawa/Shikenchiku-sha / 10 portrait, right © Tadao Ando / 12 portrait © DR / 12 © H. Langlais – A. Buonomo/ADP / 13 top © Paul Maurer/ADP / 13 bottom © Paul Andreu / 14 portrait © Gaston Wicky / 14, 15 © Reinhard Zimmermann / 16 portrait © Thibaud de St. Chamas / 16, 17 © Gaston / 18, 19 © Christian Richters / 20, 21 © Asymptote / 22 portrait © courtesy Shigeru Ban / 22, 23 © Hiroyuki Hirai / 24 portrait © Studio Rusch / 24 © Reinhard Görner / 25 © Christian Richters / 26, 27 bottom © Bolles + Wilson / 27 top © Christian Richters / 28 portrait © Jerome Hart, courtesy BOORA Architects / 28, 29 © Jeff Goldberg/Esto / 30 portrait © Giovanni Luisoni / 30, 31 Pino Musi, © Studio Mario Botta / 32 portrait © Morley von Sternberg/Arcaid / 32, 33 © Christian Richters / 34, 35 © Bill Timmerman / 36 portrait © Giorgio von Arb / 36 © Christian Richters / 37 © Barbara Burg – Oliver Schuh/Palladium Photodesign / 38 portrait © Colette Jauze / 38, 39 bottom © Hisao Suzuki / 39 top © Mazmen Fotografia / 40 portrait © Morley von Sternberg/ Arcaid / 40, 41 top © Richard Bryant/Arcaid / 41 bottom © David Chipperfield Architects / 42 portrait © Peter Hyatt, Clare Design / 42, 43 Richard Stringer, © Clare Design / 44 portrait © Gerald Zugmann, Coop Himmelb(l)au / 44, 45 © Ralph Richter/Architekturphoto / 46 portrait © J. Scott Smith / 46, 47 © Undine Pröhl / 48 © Michael Moran / 48 portrait, 49 © Diller + Scofidio / 50, 51 © Christian Richters / 52 portrait © Alia Ehrlich / 52 © Timm Street-Porter / 53 © Julius Shulman/David Glomb / 54 portrait © Brana Wolf / 54, 55 © Norman McGrath / 56 portrait © Andrew Ward / 56 © Richard Davies / 57 Werner Huthmacher, © Archipress / 58 portrait © Maurizio Marcato / 58, 59 © Philippe Ruault / 60 portrait © Thomas Mayer / 60, 61 © Timothy Hursley / 62 portrait © Gaston Wicky / 62, 63 © Heinrich Helfenstein / 64 portrait © Nicholas Grimshaw / 64, 65 © Peter Cook/VIEW / 66, 67 Anthony Browell, © Grose Bradley / 68 portrait © Steve Double / 68, 69 © Christian Richters / 70 portrait © Hiroshi Hara / 70 Hiroshi Ueda © GA photographers/ 71 © Mamoru Ishiguro / 72 portrait © Arnaud Carpentier / 72, 73 © Mitsumasa Fujitsuka / 74 portrait © Hans-Jürgen Commerell / 74 © Zvi Hecker / 75 © Michael Krüger / 76 left © Margherita Spillutini / 76 right, 77 © Christian Richters / 78 portrait © Steven Holl Architects / 78 © Paul Warchol / 79 © Friedrich Busam/Architekturphoto / 80 portrait © courtesy Optima Inc. / 80, 81 Jon Miller © Hedrich-Blessing / 82 portrait © courtesy Arata Isozaki / 82 © Hisao Suzuki / 83 © Timothy Hursley / 84 portrait © Nacása & Partners / 84 © Tomio Ohashi / 85 © Mikio Kamaya / 86 portrait © Joan Costes / 86, 87 © Archipress / 88 portrait © Jennifer Yoos / 88, 89 © Don F. Wong / 90 portrait © Timothy Greenfield-Sanders / 90 © Masayuki Hayashi / 91 © Todd Eberle / 92 portrait © IB BJ. Sørensen / 92, 93 © KHR / 94 portrait © Ringo Tang, Waro Kishi + K. Associates / 94, 95 © Hiroyuki Hirai / 96 portrait © Josef Paul Kleihues / 96 © Hedrich Blessing / 97 © Josef Paul Kleihues / 98 portrait © courtesy KPF / 98, 99 © Timothy Hursley / 100 portrait © Rem Koolhaas / 100 © Christian Richters / 102 portrait, 103 top © Kengo Kuma & Associates / 102, 103 bottom © Mitsumasa Fujitsuka / 104 portrait © Lothar Bertram / 104 © Lamott Architekten / 105 top © Roland Halbe/artur / 105 bottom © Werner Huthmacher/artur / 106 portrait © Cheung Ching Ming / 106, 107 © Timothy Hursley / 108 portrait © Luca Vignelli / 108 © Ralph Richter/Architekturphoto / 109 © Bitter & Bredt / 110 portrait © Maki and Associates / 110, 111 © Toshiharu Kitajima/Archi-Photo / 112 portrait © Taco Anema / 112, 113 © Christian Richters / 114 portrait © Luca Vignelli / 114, 115 © Scott Frances/Esto / 116 portrait © Margarita Remada / 116, 117 © Duccio Malagamba / 118 portrait © Nana Watanabe / 118, 119 © Toshiko Mori / 120 portrait © Thom Mayne / 120, 121 © Tom Bonner / 122 portrait © Paul Groh, Eric Owen Moss / 122, 123 © Tom Bonner / 124, 125 © John Gollings/Esto / 126 portrait © Jeannine Govaers / 126 © MVRDV with Bas van Nejenhof, Mathurin Hardel, Ximo Peris Casado, Margarita Salmeron Espinosa, Eline Wieland, Marino Gouwens, Kok Kian Goh, Christoph Schindler, Penelope Dean, Nicole Meijer, Joost Grootens, Fokke Moerel, Eline Strijkers, Gabriela Bojalil / 127 © Christian Richters / 128 portrait © Takehiko Nagakura / 128, 129 © MIT Team Unbuilt: Andrzej Zarzycki, Takehiko Nagakura, Dan Brick, Mark Sich / 130 portrait © Leo van Velzen / 130, 131 © Christian Richters / 132 portrait © Jean Nouvel / Lewis Baltz / 132-133 © Artefactory / 133 top © Christian Richters / 134 portrait © Joke Brouwer / 134, 135 bottom © NOX / 135 top © Christian Richters / 136 portrait © Serge Hambourg / 136 © Timothy Hursley / 137 © Kiyohiko Higashide / 138 portrait © Marié Clérin, ADAGP / 138, 139 Georges Fessy © VG Bild-Kunst, Bonn 2001 / 140 portrait © Stefano Goldberg / 140 © Richard Bryant/Arcaid / 141 © Hans Schlupp/Architekturphoto / 142 portrait © Dennis Finnin / 142 © Polshek Partnership / 143 © 2000 Norman McGrath / 144 portrait © Gitty Darugar / 144, 145 © Nicolas Borel / 146, 147 © Gitty Darugar / 148 portrait © Dan Stevens / 148, 149 © Christian Richters / 150 portraits © RoTo Architects / 150, 151 © Jeff Goldberg/Esto / 152 portraits © Johnny Shand-Kydd / 152, 153 © Morley von Sternberg/Arcaid / 154, 155 © Jørgen True/SPUTNIK / 156 portrait © Udo Hesse / 156, 157 © Werner Huthmacher / 158 portrait © Tom Höfermann / 158, 159 © Bernhard Kroll / 160 portrait © Tereza Siza / 160, 161 © Christian Richters / 162 © Skidmore, Owings & Merrill LLP / 163 © Steinkamp-Ballogg Photographers, courtesy of Skidmore, Owings & Merrill LLP / 164 portrait © Luis Ferreira Alves / 164, 165 © Christian Richters / 166 portrait © Peter Gross / 166, 167 © Friedrich Busam/Architekturphoto / 168 portrait © courtesy Philippe Starck / 168, 169 © Eric Laignel / 170 portrait © Arnaud Carpentier / 170, 171 © Nacása & Partners / 172 portrait © Eiichiro Sakata / 172, 173 bottom © Toshiharu Kitajima / 173 top ©Yoshio Taniguchi / 174 portraits © courtesy Ten Arquitectos / 174, 175 Luis Gordoa © Ten Architectos / 176 portrait © Jen Strongin, courtesy Bernard Tschumi / 176, 177 top © Peter Mauss/Esto / 177 bottom ©Bernard Tschumi Architects / 178 portraits © Menno Kok / 178, 179 © Christian Richters / 180, 181 © Makoto Sei Watanabe / 182, 183 © Michael Moran / 184 portrait © Robert César / 184 © Young Chea-Park / 185 © Woongu Kang / 186, 187 top © K. L. NG Photography / 187 bottom © T. R. Hamzah & Yeang Sdn. Bhd. / 188 portrait: Satoshi Asakawa, © Shoei Yoh + Architects / 188 © Shoei Yoh + Architects / 189 © Toyama Prefecture

IMPRINT

Hohenzollernring 53, D–50672 Köln
www.taschen.com

EDITORIAL COORDINATION Sonja Altmeppen, Cologne
EDITING AND TYPESETTING mot.*tiff*, Paris
FRENCH TRANSLATION Jacques Bosser, Paris; mot.*tiff*, Paris (preface)
LAYOUT Claudia Frey, Cologne
PRODUCTION Thomas Grell, Cologne
COVER DESIGN Claudia Frey and Angelika Taschen, Cologne

Printed in Italy
ISBN 3–8228–2508–5

COVER
Alberto Campo Baeza, Center for Innovative Technologies BIT, Inca, Majorca, Spain
© Hisao Suzuki

ICONS